興正寺史話1

了源上人

その史実と伝承

熊野恒陽

白馬社

了源上人像（本山佛光寺蔵）

光明本尊（本山佛光寺蔵）

聖徳太子像（本山佛光寺蔵）

阿弥陀如来像（本山佛光寺蔵）

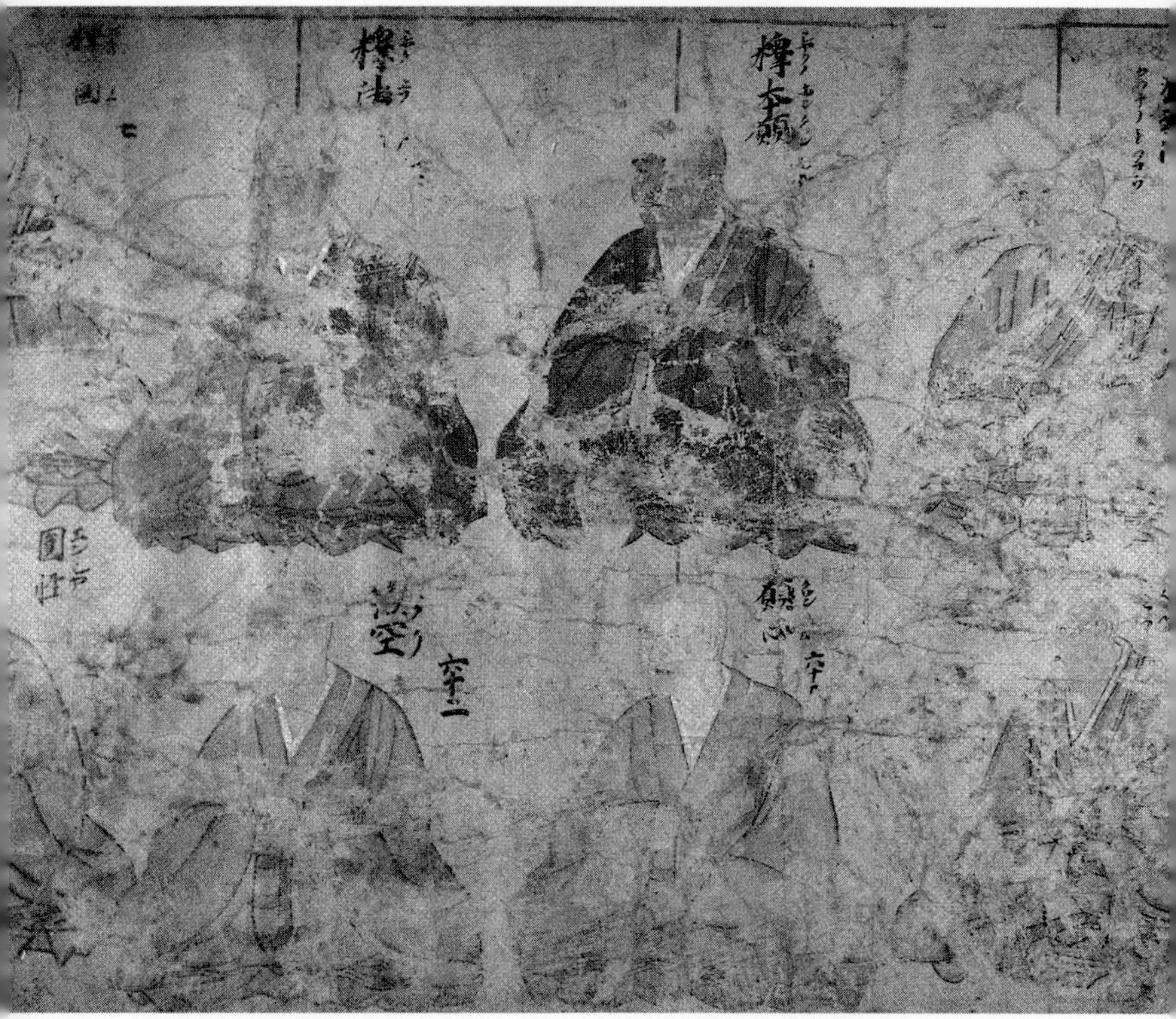

絵系図（本山佛光寺蔵）

佛光寺旧址の石碑（京都市山科区）

了源上人の示寂の地、桜峠

はじめに

　興正寺は京都七条堀川にある、真宗興正派の本山です。その創建は古く、鎌倉時代にさかのぼります。以来、今日にいたるまで興正寺は長い歩みをつづけていますが、興正寺の歩みの過程はあまりに複雑です。

　興正寺の歴史は、了源上人による興正寺の創建にはじまります。創建の地は山科です。上人はひろく一般に勧進をつのり、興正寺を建立しました。

　山科にあった興正寺は、やがて了源上人自身の手によって、京都東山渋谷の地へと移されます。そして、その際、上人は興正寺の寺号を佛光寺と改めました。興正寺の寺号はここで、一旦、もちいられなくなります。以後はもっぱらあらたな佛光寺の寺号がもちいられました。

　渋谷移転後の佛光寺は、庶民の信仰を集めることにより、飛躍的な発展をとげることなります。当時は本願寺も佛光寺と同じ京都東山にありましたが、同じ東山にあって、佛光寺の勢いは本願寺をはるかにしのいでいたといわれます。それを形容して、佛光寺には人びとが集っているのに対し、本願寺は「さびさび」としていたといわれたりもしています。

こうした佛光寺と本願寺の関係も、その後、本願寺に蓮如上人が出ることで、大きく変わっていきます。蓮如上人は本願寺を継ぐと、本願寺の性格を一変させ、あらたに庶民を対象とした教化をはじめます。蓮如上人の教化により、本願寺の勢力は急速に拡大しますが、そうしたなか、佛光寺の住持であった経豪上人は、蓮如上人と与することを決意します。ちょうど本願寺が山科に移っていた時のことです。経豪上人は佛光寺を去ると、自ら山科へと移り、本願寺の勢力と合流しました。この時には門末の多くも経豪上人に従いました。

山科に移った経豪上人は、名を蓮教と改めるとともに、一宇を建立します。その寺には、当初に立ちかえって、興正寺の名がつけられました。興正寺が再び山科の地に興されたことになります。この興正寺が現在の興正寺本山となります。

一方、蓮教（経豪）上人が去ったあとの佛光寺は、上人の弟が跡を継ぎ、その後も寺跡を伝えていきます。これが現在の佛光寺本山です。

蓮教上人が再興した興正寺は、以後、本願寺と歩調を合わせることになります。度重なる移転にもつねに行動をともにしており、現在地へも本願寺と一緒に移ってきています。しかし、江戸時代、本末制度が確立すると、今度は関係を一転させ、本願寺からの独立を求めることになります。本末制度により、本願寺は本寺、興正寺は末寺とされたことから、それに対する反発が興正寺にはありました。興正寺と本願寺は、もともと系統を異にする寺でもあり、興正寺の独立の運動は熾烈をきわめます。

江戸時代の本末制度のもと、独立の実現は容易なことではありません。興正寺は独立をはたすことなく、明治時代をむかえます。そして、本末制度がなくなった明治時代となって、興正寺の独立は実現します。江戸時代の初頭以来、実に二百数十年の年月を要しての独立でした。ここに興正寺は、独立した一派の本山となります。

興正寺の歴史は、いくつもの大きな動きをともないながら、複雑に推移していきます。『興正寺史話』は、この興正寺の歴史を、了源上人の興正寺の建立から、佛光寺時代の繁栄、本願寺との合流と離反、そして、独立と順次にたどっていこうとするものです。

興正寺は、佛光寺はさることながら、本願寺とも密接に関係しています。興正寺の歴史をたどることは、佛光寺や本願寺の歴史をたどることにもなります。興正寺の歴史をふり返ることで、これまで見落とされてきたことが明らかになるかもしれません。もとより興正寺の歴史といっても、興正寺は真宗のなかだけで活動を完結させていたわけではありません。ひろく世のなかと関わって活動していたわけであり、逆にいえば、世の規制をうけ活動を制限することもあったわけです。当然ながら、興正寺の歴史は、日本史の大きなながれのなかで、とらえられなくてはなりません。可能なかぎり、日本史の動きのなかで、興正寺の歴史をとらえていこうと思っています。

本書『了源上人――その史実と伝承』は、興正寺の歴史のうちでも、了源上人の時代の興正寺の歴史をたどろうとするものです。こうした見方に立って、あらためて了源上人の時代の興正寺の様子をふり返ってみようと思います。

了源上人——その史実と伝承　目次

はじめに　1

第一章　荒木門徒　11

興正寺という寺号　12
二人の真仏　16
源海上人と荒木門徒　20
荒木門徒の展開　24
明光上人と西国門徒　28
興正寺建立以前　32

第二章　興正寺建立　37

了源上人と存覚上人　了源上人はいつ京都に来たのか　38
興正寺建立　仏像を見せて勧進を行った　42
山科興正寺　山科の地はどのように入手したのか　46

第三章　了源上人の教化　51

興正寺の勤行　正信偈と和讃五首　52
興正寺の教化　了源上人はどう教化したのか　56
山科興正寺の発展　庶民教化と存覚上人の協力　60
渋谷佛光寺　なぜ寺号を佛光寺と改めたのか　64
渋谷の地　なぜ渋谷の地が選ばれたのか　68

第四章　興正寺建立伝承　73

親鸞聖人一旦帰洛説　74
親鸞聖人興正寺開基説の意義　78
親鸞聖人興正寺開基説の謎を解く　82
伝承の変化と興正寺批判　86

第五章　名帳、絵系図、光明本尊　91
名帳とはどのようなものか　92
絵系図の意義　96
これ恋慕のためか　100
血脈相承　血脈によって成り立つ集団　104
善知識　往生を得ることは知識の力なり　108
光明本尊の構成　112
光明本尊と『弁述名体鈔』　116
第六章　女人教化　121
増えつづける道場　122
女人教化　夫婦は人としてのあるべき姿　126
多念の声明　声、仏事をなす　130

第七章　南朝伝説　135
後醍醐天皇の伝説　136
南朝武将の開基伝承　140
佛光寺が用いる了源上人の伝記　144
第八章　了源上人の示寂　149
佛光寺の伝承　150
了源上人の墓　154
七里峠と上人の骨　158
第九章　門弟たち　163
源鸞上人　裳無衣と黒袈裟　164
了明尼公　了源之坊守　168

了明尼公と悪僧　172
源讃上人　御影堂はあったのか　176
門弟たち　当寺ハ御住持ト寺僧ト相持ナル　180
佛光寺六坊　184
あとがき　188

第一章

荒木門徒

興正寺という寺号

興正寺の寺号は興隆正法の語にちなむもので、興隆正法寺を略し、興正寺というのだと伝えられます。正しき法を興し、さかえさす。興正寺の寺号には、正法を興隆するとの願いが込められているといわれます。

興正寺の寺号の由来は、いまではこれ以上に語られることはなくなっています。由来とはいっても、いささか漠然とした感じがします。

江戸時代には、興正寺という寺号の由来について、もっと具体的に語られていました。江戸時代の興正寺では、興正寺の寺号は廟崛偈《びょうくつげ》といわれる聖徳太子の偈文によるものだと説かれていました(『山科興正寺付法略系譜』)。

明治時代、興正派の中島慈応師が著した『真宗法脈史』にも興正寺の寺号は聖徳太子の廟崛偈によるものだとの指摘があります。江戸時代にいわれていた説を踏まえての指摘だと思います。

廟崛偈は、聖徳太子みずからが書かれたと信じられていた偈文で、太子の墓である廟崛の中に記されていたとされることから廟崛偈といわれます。実際はのちの時代に太子に託し作られたものですが、鎌倉時代には太子の自作と信じられ、ひろく知られた偈文でした。

廟崛偈には、偈文のはじめのところに興正という文字が現れます。

大慈大悲本誓願　愍念衆生如一子
是故方便従西方　誕生片州興正法

大いなる慈悲が私の誓願であり、衆生を独り子のようにあわれみ、おもっている。そのため方便として西方よりこの片州の国に生まれ、正法を興す。聖徳太子が観音菩薩の化身としてこの世に生まれたとの伝承にもとづき、観音菩薩である太子が西方浄土からこの国に誕生したいわれを説いています。

江戸時代の興正寺では、ここにみられる興正という文字から、興正寺の寺号が付けられたと説いていました。この説によるなら、興正寺という寺号は聖徳太子に関係する寺号ということになりますが、いろいろな事柄から考えて、この説は正しいのだと思います。
興正寺は事実上、歴代の第七世とされる了源上人により開かれますが、上人は興正寺の建立にあたり、聖徳太子の像を造立しています。上人は阿弥陀如来とともに聖徳太子像を安置する寺として興正寺の建立を志しました。この太子像は現在も佛光寺本山に伝えられており、胎内には第四世了海上人の遺骨が納められています。了海上人も太子を信仰していたようで、興正寺の系統には太子を尊崇する伝統があったようです。

聖徳太子ハ和国ノ教主ナリ、諸典ヲ豊葦原ノウチニ弘宣ス（『佛光寺造立勧進帳』）

了源上人は、聖徳太子は日本の教主で、この国に仏教を興し、ひろめた人である、と太子を称えています。聖徳太子について、上人はさらに述べています。

実ニ正法興隆ノ場ニハ邪風戦《そよ》クノ道理ナリ、ステニ釈迦文仏ノ御時ニハ調達アリ、上宮太子ノ御時ニハ守屋ノ連アリテ正法ヲ妨ケタリ（『算頭録』）

正法が興隆されるところには必ず敵対する者が現れる。釈迦如来の時には調達が釈迦にそむき、聖徳太子の時には守屋が太子にさからい、正法の興隆をさまたげた。物部守屋が廃仏をとなえ、仏教を興隆した太子に敵対したことをいっています。ここには正法興隆との語がもちいられ、聖徳太子のことが述べられます。聖徳太子は正法を興隆する人とされ、太子の事績は端的に正法興隆の語でとらえられています。興正法、正法興隆といった語は、聖徳太子と結びついて、太子を想起させる語であったようで、太子をあがめた興正寺でもここから興正寺の寺号を称したのだと思います。

古い時代の真宗には、聖徳太子の信仰が色濃く取りこまれており、絵や彫刻の太子像、太子の絵伝や伝記など、さまざまなかたちでかつての信仰のあとが残されています。太子とのいわれを説いたり、太子にちなむ寺号を称する寺も少なくありません。真宗の太子信仰は親鸞聖人いらいのもので、聖人が関東で住した稲田の草庵の本尊は聖徳太子像であったといわれています（『顕正流儀鈔』）。聖人の太子崇敬の念はことに深く、門下も聖人にならい太子を尊び、うやまったのだと考えられます。

真宗の太子信仰は、教えのなかに明確に位置づけられたものではなく、時代とともにしだいに衰退していきます。太子信仰の衰退にしたがい、興正寺の寺号から太子を思い起こすこともなくなっていったのだと思います。

二人の真仏

興正寺では歴代の第二世を真仏上人としています。

古来、興正寺ではこの真仏上人を高田の真仏のことだと伝えてきました。興正寺と同じ系統である佛光寺でも、真仏上人はやはり高田の真仏のこととされています。真仏上人を高田の真仏とすることは、むかしから疑われることもなかったようです。

高田の真仏は親鸞聖人の門弟のなかでも筆頭の弟子というべき人で、下野国（栃木県）の高田に住したことから高田の真仏といわれます。真仏には弟子も多く、この集団がのちに高田派となっていきます。興正寺もこの系統から分かれたもので、もともとは同じ系統であったとされています。

これに対し、興正寺の真仏上人は高田の真仏ではない、というあらたな説が出され、近年では興正寺の真仏上人と高田の真仏は別人であると説かれることが多くなってきました。

　この説は龍谷大学の宮崎圓遵博士がいわれたもので、親鸞伝絵に出てくる平太郎が法名を真仏といい、この平太郎が興正寺の真仏上人だとされます。親鸞聖人には真仏という門弟が二人いたことになり、どちらが興正寺の真仏上人なのか、意見が分かれるところです。

　親鸞伝絵のなかでは、平太郎は常陸国（茨城県）の住人とされ、主人とともに熊野詣でにいくことになった平太郎が、親鸞聖人に念仏の行者が神に参ってよいものかをたずねたとされています。ここでは平太郎は俗名のまま真仏とはいわれませんが、この話にはもとになった話があって、そこにはこの平太郎が法名を真仏といったとされています。

　もとの話は『親鸞聖人御因縁』と題される本に記されており、親鸞伝絵よりもくわしく平太郎の熊野詣でのことがのべられています。それによると、平太郎は常陸国から主人とともに熊野詣でに出かけますが、道中、神に参るときの作法を守らず、念仏をとなえ、けがれなども気にかけなかったとされます。人びとは平太郎を非難しますが、皆の夢のなかに熊野権現が現れ、平太郎の態度こそ神の本意にかなうものであり、まことの仏なのだと告げます。この「まことの仏」という告げにより、真仏との名がつけられたのだとされています。

この本には、興正寺の第三世とされる源海上人が平太郎真仏の弟子となったとも書かれています。そこから興正寺の真仏上人は平太郎真仏のことだといわれるようになりました。

平太郎という人物は実在の人物で、『親鸞聖人御因縁』の記述に従うなら、平太郎が興正寺の真仏上人ということになります。しかし、不思議なことに第三世の源海上人が平太郎真仏の弟子となったとするのはこの本だけで、ほかの古い記録には源海上人は高田門徒だと書かれています。親鸞聖人の門弟の名を書いた『親鸞聖人門侶交名牒』という重要な史料にも源海上人は高田の真仏の弟子とされています。

こちらの記述に従うなら、興正寺の真仏上人は高田の真仏ということになります。どちらの説が正しいのでしょうか。これにはいろいろな見解が出されていますが、やはりむかしからの伝えのとおりに高田の真仏とするのが正しいのだと思います。

古い時代、興正寺の系統の寺などでは、光明本尊や連坐像といわれるものが用いられていましたが、そこには源海上人とともに僧の姿の真仏上人が描かれています。平太郎が真仏上人なら、この僧は平太郎のことになりますが、なかには高田の真仏を意識して描いたとみられるものも伝わっており、これを平太郎だとするのは無理のようです。平太郎自身も僧ではなく、一生俗人のままだったようです（『存覚袖日記』）。

平太郎が真仏という法名を名のったというのも『親鸞聖人御因縁』にだけ出てくることで、本当に真仏と名のったのかは実のところ定かではありません。親鸞伝絵では俗名のまま平太郎とされており、俗名しかなかったようにも思えます。

結局、『親鸞聖人御因縁』だけがほかとはちがった所伝を伝えているということになるのですが、この本は説話性を重視して記されたもので、平太郎が真仏上人だというのも、説話としてそうなっているだけなのだと思います。平太郎の熊野詣での説話を真仏の説話として強引に取り入れたため、説話のなかで平太郎を真仏にしていったのではないでしょうか。当時から説話だと判っていたため、ほかの記録ではこの所伝を伝えることがなかったのだと思います。

源海上人と荒木門徒

源海上人は真仏上人の弟子で、興正寺の第三世とされています。上人は親鸞聖人の関東の門弟の流れをくんでおり、上人自身も関東に住んでいました。上人は親鸞聖人入寂後の関東教団のなかの有力者で、弟子は各地にひろがり、上人にはじまる門徒団は大きく発展していきます。興正寺も上人からの法脈を伝えており、源海上人を第三世としています。

興正寺の伝承では、源海上人は親鸞聖人入寂の十六年後に亡くなったとされています。行年は五十六歳であったとも、九十歳であったともいわれています。そうであるならば上人は親鸞聖人とさほど世代にへだたりのない人となりますが、親鸞聖人の入寂から四十年たった時に上人が署名した文書がのこされており、実際には伝えられる世代よりも一世代のちの人であることがあきらかにされています(「本願寺文書」)。

上人の行状はくわしく知ることができませんが、ふるくからの伝えによれば、上人はもと安藤隆光という武士であったとされ、寵愛する二人の幼子を相次いでうしない、それを機縁に仏門に入ったといわれています。その後は武蔵国の荒木《あらき》（埼玉県行田市）に住して、満（万）福寺という寺を開いたのだと伝えられます（『親鸞聖人御因縁』、『山梨万福寺記録』など）。

仏門に入ったのちの上人が武蔵国の荒木に住したことは確かで、『親鸞聖人門侶交名牒』にも源海上人が荒木に住したと記されています。この荒木という地名から、上人にはじまる門徒団を一般に荒木門徒といっています。

荒木門徒は大きく展開していきますが、地理的にもひろい範囲にわたってひろがっていったという特色があります。上人の弟子である源誓《げんせい》は相模（神奈川県）から甲斐（山梨県）に進出し、甲斐に万福寺という寺を開きます。興正寺の第四世とされる了海上人は武蔵阿佐布《あざぶ》（東京都）に拠点をおいて、その跡は善福寺という寺になっていきます。やがてここからは、山陰地方に進出したものや、京都に進出した興正寺なども出てきます。荒木にあったという満福寺もはやくに三河（愛知県）に移転し、如意寺と名をあらためて発展していきます。

はやい時期にこうして広範囲に門徒団をひろげることができたのは、背後に武士の支援があったからだと思います。この時代、関東の武士はあらたな支配地を求めてさかんに移住をおこないます。荒木門徒も武士の支援をえて、武士の移住にともなってあたらしい土地に進出していったのだと思います。

荒木門徒が大きく発展したのは伝道に工夫をこらしたからだともいわれます。因縁やたとえ話をまじえて通俗的に教えを説いたり、物語の絵を見せて絵を解説しながら話しをすすめる絵解きをおこなっていたと指摘されています。芸能の要素をくわえ庶民的でわかりやすいことに荒木門徒の伝道の特徴があったようです。聞く人には身近に感じて受け入れやすいものだったのでしょう。

庶民的な女人教化をすすめたことも荒木門徒の特色で、いまは普通に使われている坊守という語もこの門徒団で使われだしたものでした。坊守という語は仏教の用語でもなく、正式な国語にもない不思議な語で、あきらかな造語ですが、荒木門徒では法然上人が使ったものだとして、そのおこりを説明していました。

それによると、法然上人の教えをうけた九条兼実という貴族が、在俗のものが本当に往生することができるのかとの疑問をいだき、そのあかしに法然上人の弟子をえらんで自分の娘を結婚させようとします。えらばれたのが親鸞聖人で、ことわりきれずに兼実の娘と結婚しますが、後日、法然上人は結婚後の娘のすがたを見て、文句のない坊守だといったのだといい、それ以後、道場の主婦を坊守というようになったのだとされます（『親鸞聖人御因縁』）。

坊守という語が知られていない造語だから語のおこりが説明されるわけで、法然上人に託し、坊守がいわれのある語なのだと説いたものといえます。

坊守とは坊主という語に対応し、坊主の語からつくられたもののようですが、実際に当初はいわば女の坊主という意味も込めて使っていたのだと思います。荒木門徒では坊守がまさに坊主と対になって、坊主と同格に門徒の教化にあたっていました。ことに女性の門徒の指導は女の坊主としての坊守の役割だったとみられ、荒木門徒が女性の信仰をあつめたのも、坊守のちからによるものだと思います。

荒木門徒の展開

源海上人にはじまる荒木門徒の門徒団は大きく発展し、ひろく各地に進出していきます。興正寺も荒木門徒の流れをくんでおり、荒木門徒の系統に属します。興正寺は荒木門徒のなかでも、源海上人から了海上人、了海上人から誓海上人へとうけつがれた法脈を伝えていて、了海上人を第四世、誓海上人を第五世としています。

第四世とされる了海上人は武蔵国阿佐布（東京都港区元麻布）に住した人で、現在も同地にある善福寺がその遺跡だとされています。善福寺は「武蔵国浄土真宗取初之地」と称し、了海上人いらい武蔵の真宗の中心となってさかえてきた寺です（『善福寺由緒書』）。

伝説によると、善福寺は弘法大師空海が開いた寺で、高野山を模して作られたといいます。のち親鸞聖人が善福寺をおとずれ、むかえた住持の了海上人が親鸞聖人に帰して真宗の寺となったのだといわれます。

善福寺ではこの伝説にちなんで弘法大師や親鸞聖人とのいわれを説いており、境内にある井戸は弘法大師が杖で地を突いたところ湧き出したものとされ、境内の銀杏の大木も親鸞聖人がさした杖が育ったものとされて有名になっています。

善福寺の実際の成り立ちは定かではありませんが、了海上人いらいの念仏道場であることは確かで、興正寺を開いた了源上人もこの道場にたびたび通って了海上人が著した本の伝受をゆるされたといっています。了源上人はここを「本所」とよんでおり、師の道場としてうやまっていたようです(『一味和合契約状』)。

了海上人には『他力信心聞書』という著述があって、了源上人はこの本をゆるされたのだといっています。このほかにも『還相廻向聞書』という本が了海上人の著述であろうといわれていて、奥書に了海と書いてある古い本が伝えられています(大行寺旧蔵本)。

この二つの本は内容も似ていて、師である善知識をうやまうべきことなどが強調されています。よく荒木門徒には師を仏のようにうやまう知識帰命の傾向があったのだといわれますが、これらはこうした本の内容からいわれるもので、本の内容を実際の門徒団のすがたとみなしていっているようです。

善福寺の歴代には興正寺の第五世とされる誓海上人は入っておらず、了海上人以後は別の弟子が善福寺をついでいきます。その後の善福寺の発展も大きく、関東はもとより石見国（島根県）にも善福寺の系統の寺が開かれています。

第五世とされる誓海上人は了海上人の弟子で、相模国の鎌倉に住んでいました。興正寺の伝えでは誓海上人は了海上人の子だとも甥だともいわれますが、これはのちの時代にいわれ出したもののようです。

いまは上人の跡とされる寺などはのこっていませんが、かつては花御坊といわれる坊があったのだとも伝えられます（「佛光寺西坊代々過去帳」）。

鎌倉は真宗のなかでも荒木門徒の人たちが多く住んでいたことが知られており、誓海上人を中心にひろがったものとみられます。親鸞聖人が鎌倉の北条氏がおこなった一切経校合に加わったという伝承が伝えられますが、この伝承も鎌倉の荒木門徒のなかで語られていたのだろうといわれています。

これは本願寺の覚如上人の『口伝鈔』にみえる話で、北条氏のまねきで一切経の校合に加わった親鸞聖人が、その時のもてなしに出された魚肉を袈裟をつけたまま食した、というものです。『口伝鈔』では末法の世の破戒や袈裟の功徳に話の重点がおかれますが、その前提になる北条氏の一切経校合に親鸞聖人が加わったという話は事実としてあったのではないかと、近年、注目されています。覚如上人は関東の門弟から聞いて『口伝鈔』にこの話を書いたようですが、そのもとになった伝承は荒木門徒のなかで伝えられたものと考えられています。

この話は『口伝鈔』だけが伝えているのではなく、佛光寺本山に蔵される親鸞伝絵にも書かれています。そこには『口伝鈔』よりも簡潔に、単に聖人が一切経校合に加わったという事実だけが述べられています。佛光寺の親鸞伝絵以外にもこの場面を描いたものとみられる絵をのせる掛幅の親鸞絵伝が伝えられていますが、それらは荒木門徒の系統の寺に伝えられており、聖人が一切経校合に加わったという話が荒木門徒のあいだで伝承されていたことをうかがわせます。荒木門徒ではこの伝承が大切にされていて絵伝に取り入れたものとみられます。

明光上人と西国門徒

明光上人は興正寺の第五世とされる誓海上人から教えを受けた人で、興正寺では歴代の第六世としています。明光上人も誓海上人とおなじく鎌倉に住んでいて、史料には「甘縄了円」とあらわされています(『存覚一期記』)。了円とは明光上人のことで、鎌倉のなかでも甘縄《あまなわ》郷に住んでいたことが知られます。

上人の跡を伝えるのは相模国野比《のび》(神奈川県横須賀市)の最宝寺という寺で、明光上人いらいの古い由緒を誇っています。この寺は戦国時代にいまの野比の地に移りましたが、もとは鎌倉の高御蔵《たかみくら》という地にありました。室町時代、最宝寺の住持は天皇より上人号の勅許を受けており、かつてこの寺が独自の発展をとげていたことがうかがえます(「最宝寺文書」)。

本来、上人とは知と徳のそなわった僧をうやまって呼ぶ尊称で、いわば私的にもちいられていたものですが、室町時代には申請によって朝廷が上人号をさずけるということもおこなわれだして、一種の僧侶の位になっていました。

申請には相当の礼銭も必要ですし、むやみに許されることもありませんから、最宝寺がそれなりの財力と格式をそなえた寺となっていたことは確かです。

最宝寺の伝えによると、明光上人は藤原頼康という人の子で、母は源義朝の娘であったといいます。もとは天台宗の僧侶で、越後に流された親鸞聖人をたずねて弟子となり、その後、聖人が関東の教化にあたっていた時、聖人にめされ、関東に念仏はひろまったが、西国には教えが伝わっていないので、と西国の教化にあたるよう命ぜられたといっています。

実際には明光上人は親鸞聖人よりものちの時代の人であって、上人が親鸞聖人の弟子となったというのは史実とはされていませんが、明光上人の弟子が西国に進出していったのは事実であり、それを踏まえてこうした伝承が語られるようになったようです。

備後国沼隈郡山南《ぬまくまぐんさんな》（広島県沼隈町）にある光照寺という寺は、明光上人によって開かれたと伝えられる寺で、中国、九州、四国の西国地方で最初に建てられた真宗寺院だといわれます。光照寺の事実上の開基は明光上人ではなく上人の弟子のようですが、光照寺が明光上人の流れをくむ寺であることは間違いなく、鎌倉の明光上人の系統が備後にまでのびて開かれた寺でした。光照寺は江戸時代のはじめまで最宝寺を本寺とし、その末寺となっていました。西国の明光上人の系統の門末はこの光照寺を中心にひろがっていき、光照寺の末寺は備後をはじめ山陽から山陰地方におよんで、その数は三百個寺をこえたといいます。備後や山陰地方には明光上人を開基としている寺は少なくありません。

光照寺が開かれたのは鎌倉時代の末期であり、はやい時期に真宗の教えが遠隔の地にひろがっていたことが知られます。鎌倉と備後では距離に大きなへだたりがありますが、この時代には、幕府の実権をにぎっていた鎌倉の北条氏が西国の海岸部の重要な拠点をおさえて、鎌倉を中心とした交通や流通の経路をきずいており、西国と鎌倉との人びとの交流や物資の輸送は思われている以上にさかんにおこなわれていました。明光上人の弟子たちもそうした大きな流れのなかで西国に進出していったものといえます。

光照寺の伝承では、明光上人は従者三人と与力六人をしたがえて備後に来たといい、上人が光照寺を建立すると、従者三人もそれぞれ寺を建て、与力の六人もそれぞれに寺を建てたのだといいます。のち上人は京にのぼるため寺を弟子にゆずり、舟で京に向かったところ、途中で病をえて京につく前に亡くなったとされ、遺体は京都で荼毘にふされて、遺骨は備後に持ちかえり光照寺におさめられたと伝えられます。

上人が本当に備後をおとずれたのかどうかは定かではなく、行ったとも行っていないともいわれますが、光照寺が開かれたのは上人の在世中のことであり、上人が備後をおとずれたとしても不思議はありません。

上人の遺骨が光照寺におさめられたとする伝承はひろく信じられた伝承で、相模の最宝寺でも上人の遺骨は遺言によって光照寺におさめられたのだといっています。光照寺では江戸時代をつうじ明光上人の忌日とされる五月十六日に明光忌がおこなわれ、ご遠忌なども盛大につとめられたといいます。在家の信者のあいだでも上人はしたしまれおり、「明光さん」といわれる講がむすばれて、上人のちいさな絵像を伝えています。

上人は興正寺でというより、むしろ西国で有名な人であるようです。

興正寺建立以前

興正寺は事実上、歴代の第七世とされる了源上人によって開かれます。上人は関東で教えをうけ京都に興正寺を建立しました。興正寺は親鸞聖人の関東の門弟の流れをくんでおり、聖人の教えが関東から京都におよんで開かれた寺といえます。興正寺の建立は親鸞聖人の入寂からおよそ六十年後のことになります。

了源上人は本願寺第三世の覚如上人の長子存覚上人とかかわりがふかく、存覚上人が著した『存覚一期記』という記録に了源上人のことが書かれています。それによると、六波羅探題の大仏維貞《おさらぎこれさだ》という武士の家人に比留維広《ひるこれひろ》という人がおり、了源上人はその比留維広の中間《ちゅうげん》であって、俗名を弥三郎といったといいます。六波羅探題は鎌倉幕府が京都の守護のためにおいた役職で、西国の裁判や軍事をつかさどり、幕府の実権をにぎっていた北条氏の一族がこの職につきました。大仏氏も北条氏の一族で、鎌倉の大仏がある地に住んでいたことから大仏を家名としていました。

大仏氏は名門の武士といえますが、了源上人はその家来のさらに家来にあたり、中間であったといっていますから、あまり高い身分の人とはいえません。中間とは武士につかえて雑務をおこなう者で、武士にしたがって戦場におもむいたり、武士の所領支配の補佐をしたりします。「中間（は）名字なき者にて候」といういいかたもされていて、普通は名字ももたなかったようです(『小早川弘景置文』)。

こうしたことをきらってか、佛光寺では了源上人は中間などではなくもっと高い身分の人だといって、伝統的に『存覚一期記』の記述は偽作されたものだとの主張をくり返しています。では、上人はどのような出自であったのかというと、それは明らかにはされていません。あくまで上人が中間ではないというため『存覚一期記』は偽作されたものと主張しているようです。

中間だといっても、むしろそれによって主人から保護され、活動を支援されることもあって、中間であることが逆に有利となることもあります。上人の場合も主人がいたことが有利にはたらいたように思えます。

『存覚一期記』には上人の主人は比留左衛門大郎維広という名の武士だと書かれて

います。了源上人の師である明光上人の系統は鎌倉から西国に進出し、備後国沼隈郡山南（広島県沼隈町）の地に光照寺を開きますが、鎌倉末期、山南の地を知行していたのも了源上人の主人とされるこの比留維広でした。

広島県の厳島神社の文書に「……ひんこ（備後）の国さんな（山南）うけところ（請所）の事、本ハひるのきやう部さゑもん（比留刑部左衛門）入道知行所にて候、まこ（孫）ひるのさゑもん（比留左衛門）大郎までに、ちきやう（知行）とうけ給候……」と書かれたものがあり、山南の地が比留刑部左衛門から孫の比留左衛門大郎へとうけつがれて知行されていたことが知られます。

文中にみえる「ひるのさゑもん大郎」は、山南の地に明光上人の系統をひく光照寺が建てられていることから考えても、了源上人の主人である比留左衛門大郎維広とみて間違いありません。おそらく比留維広は明光上人とも親しい関係にあって、そのつながりから領内に明光上人の系統の寺を建てさせたものとみられます。鎌倉幕府の西国支配がすすみ、西国と鎌倉の交流がさかんになるなか、真宗の教えも鎌倉から西国へと伝えられていきますが、その背景に武士の支援があったことがうかがえます。

比留維広のこうした動向からいっても、維広は了源上人の活動を支援していたとみるべきで、上人は主人である維広の協力のもと、便宜をえて活動していたといえると思います。

比留維広がつかえていたのは北条氏の一門である大仏維貞ですが、この大仏氏の一族は、代々、鎮西白旗流の浄土宗を保護しており、大仏維貞の曽祖父は浄土宗鎮西派の然阿良忠《ねんありょうちゅう》のために鎌倉に悟真寺《ごしんじ》という寺を建てています。一方で、荒木門徒でも悟真寺についての伝承が語られていて、荒木門徒の祖である源海上人が在俗時代に鎌倉で悟真寺を造営したと伝えていました（『親鸞聖人御因縁』）。荒木門徒の伝承はあくまで伝承ですが、了源上人をふくめ荒木門徒は、悟真寺や大仏氏と何かつながりがあったように思います。

これら大仏氏や比留氏のことなどは『存覚一期記』があってはじめて知られることです。偽作どころか、上人の活動の背景をもうかがえる重要な史料といわねばなりません。

第二章

興正寺建立

了源上人と存覚上人

了源上人はいつ京都に来たのか

本願寺は京都東山大谷にあった親鸞聖人の廟堂が寺となったもので、当初は聖人の門弟たちが共同で護持にあたっていました。『存覚一期記』には、この大谷の親鸞廟堂に興正寺を開いた了源上人がはじめておとずれたときの様子が記されています。

佛光寺空性初参俗体弥三郎、六波羅南方越後守維貞家人比留左衛門大郎維広之中間也、初参之時申云、於関東承此御流念仏、知識者甘縄了円、是阿佐布門人也、而雖懸門徒之名字、法門已下御門流事、更不存知、適令在洛之間、所参詣也、毎事可預御諷諫云々……其後連々入来、依所望、数十帖聖教或新草或書写、入其功了

佛光寺空性（了源上人）がはじめて大谷をおとずれてきた。俗体の姿で名を弥三郎といい、六波羅探題の大仏維貞の家人比留維広の中間であった。了源のいうには、自分は関東でこの念仏の教えをうけており、師匠は鎌倉甘縄の了円（明光上人）で、こ

の了円は阿佐布門徒のものである。しかし、門徒だといっても法門のことやこの親鸞門流のことなどはよくわかっておらず、たまたま京都にいるのでこの大谷に参詣した。これからもいろいろと指導にあずかりたい、とのことであった。その後もしばしばたずねてきて、希望にまかせ数十帖の聖教をあたらしく書いたり、写したりした。

『存覚一期記』は本願寺につらなる存覚上人が著したもので、存覚上人の立場から了源上人が語ったことがらが記されています。了源上人が大谷の廟堂をたずねたのは元応二年（一三二〇）のことで、月日はわかっていません。この時、存覚上人は三十一歳、了源上人は三十六歳でした。

この年、了源上人はすでに京都にいて大谷の廟堂をおとずれているのですが、はたして上人がいつ関東から京都に移り住んだのか、これがはっきりとしません。一般には大谷をおとずれたのと同じ年のこととされ、関東から京都に来たので大谷をたずねたのだと考えられています。しかし、それでは辻褄があわないところがあります。むしろ上人はそれ以前から京都に移っていたと考えた方がよいように思われます。

了源上人が山科に興正寺の建立を志して、そのための勧進をはじめるのはこの元応二年の八月のことです。この年に京都に来たというのでは、活動をはじめるための準備の期間がいささか短すぎるように思います。勧進にさきだって、上人は興正寺に安置するための聖徳太子像を造立しますが、この像が完成したのも元応二年で、はやくも同年の一月に完成しています。太子像は関東で造られたとも考えられますが、京都で造られたと考えるのが自然と思えるところがあります。像の制作の時間を考えるなら、上人は元応二年よりも前に京都に移っていたとみるべきで、元応二年になって京都での本格的な活動をはじめたということなのだと思います。大谷の廟堂をたずねたのも、元応二年にはじまる活動の一環ととらえられます。

了源上人が京都に進出するには上人の主人にあたる比留維広の支援があったとみられますが、その比留維広がつかえた大仏維貞は、了源上人が大谷をおとずれた年の五年前から京都の六波羅探題の職についており、上人が京都に移るためのいわば下地はすでにととのっていました。

元応二年、京都で活動をはじめた了源上人が大谷の廟堂をおとずれたのはいうなればば当然のことで、この時代の大谷の廟堂はあくまで親鸞聖人の廟堂であり、聖人をしたう門弟たちがつどい、聖人の遺徳をしのぶ場所でした。のちに本願寺は一派の本寺となっていきますが、明確に一派の本寺となるのは蓮如上人以降のことで、それまでは真宗門徒共通の親鸞聖人の遺跡であり、いわゆる他派とも競合することはありませんでした。

本願寺の一族も他派と競合することなく真宗門徒とかかわっていて、聖教の書写や伝授を職掌としていました。了源上人が存覚上人に指導をあおいだというのも、存覚上人がそうした職掌をになっていたということであって、師弟関係になったというのではありません。了源上人がいっているように師匠は明光上人であり、存覚上人はそれと競合する立場にはありませんでした。存覚上人は以後も了源上人と深くかかわっていきますが、師弟関係というよりも、教学の面では存覚上人が了源上人をたすけ、逆に生活の面では了源上人が存覚上人をたすけるという双務的な関係でのかかわりがつづきます。

興正寺建立

仏像を見せて勧進を行った

元応二年（一三二〇）、京都での本格的な活動をはじめた了源上人は、興正寺の建立を志し、同年八月から堂舎造立のための勧進をはじめます。勧進をはじめるにあたって、上人は堂舎を建立する趣旨を述べた勧進帳を著しており、堂舎建立にむけ上人がいだいた思いをうかがうことができます。この勧進帳は上人の名で著されていますが、実際に文章を作ったのは存覚上人ではないかともいわれます。了源上人が存覚上人に指導をあおいでいることから十分に考えられることで、了源上人の意を聞いて存覚上人が勧進帳にあう文章にしていったということなのだと思います。

コトニ十方檀那ノ助成ヲカウフリテ、山城ノ国山科ノホトリニオイテ、一宇ノ小堂ヲ建立シテ、弥陀如来ナラヒニ聖徳太子ノ尊容ヲ安置シタテマツリ、念仏三昧ヲ勤行シテ有縁無縁ノ幽霊ヲトフラハントコフ子細ノ状諸方からのたすけをえて、山城国山科の地に堂を建立し、そこに阿弥陀如来と聖徳太子の像を安置して、念仏を行じ縁ある者なき者ともにその亡魂をとむらいたい。勧進帳の冒頭、全体の要旨をまとめこう述べられています。以下、堂舎建立の詳細な趣旨を述べ、勧進への協力をもとめる記述がつづきますが、いわれているのは阿弥陀如来と聖徳太子の二尊を安置する堂を建てたいということで、その堂を建てるための勧進に協力するようにもとめられています。

堂に安置するための二尊はすでに準備されており、勧進帳には、如来像と聖徳太子像は現にこれをあがめていると記されます。

弥陀ノ尊形ニオイテハ、有縁ノ古像ヲエテ、モテコレヲ渇仰シ、太子ノ聖容ニイタリテハ、彫刻ノ微功ヲイタシテ、モテコレヲ帰敬ス……

阿弥陀如来像は、縁ある古像をえて、これをあおいでおり、聖徳太子像は彫刻をほどこし造り上げ、これをうやまっている。

一紙半銭の喜捨をもとめる勧進をおこなって堂舎を建立する場合、あらかじめ仏像を用意し、仏像を見せながら喜捨をあおぐことは、当時、普通におこなわれていたことで、了源上人もこの二体の像を各所に運んで、像を見せながら喜捨をあおいだものとみられます。

この二体の像はいまも佛光寺本山に伝えられており、如来像は阿弥陀堂の本尊とされ、聖徳太子像も阿弥陀堂の脇壇に安置されています。太子像は胎内文書があって了源上人が造ったものであることは明白で、如来像も様式から平安時代末期の制作と考えられ、勧進帳にいう古い像を入手したとの記述と一致することより、この時のものとして間違いないといわれます。

聖徳太子像は太子十六歳の姿とされる童形の立像で、右手に笏《しゃく》、左手に柄香炉《えごうろ》をもっています。この形式は古い時代の真宗ではことに好まれた形式で、了源上人もそれにならってこうした姿の像を造ったようです。

太子像におさめられた文書によると、この像が開眼されたのは元応二年の正月二十八日で、像の制作には湛幸《たんこう》という仏師があたっています。湛幸が制作した像はほかにもあって、兵庫県神戸市有馬の善福寺という曹洞宗の寺院に伝えられる、聖徳太子二歳の姿とされるいわゆる南無仏太子像もこの湛幸の作であることが知られていて、このほか佐賀県にも湛幸の造った仏像がのこされています。湛幸は慶派《けいは》といわれる流派に属した仏師とみられており、鎌倉末期にかなり活躍した仏師だったようです。

太子像におさめられた文書は、上人にかわって円空という人物が筆をとったもので、上人は花押だけをすえています。円空は出雲路派本山の毫摂寺を開いた人で、一般に乗専の名で知られています。乗専は本願寺の覚如上人に教えをうけており、毫摂寺との寺号も覚如上人の号である毫摂からとられたものです。

了源上人にかわって乗専が筆をとっているのはいささか不思議な感じがしますが、これは太子像の開眼供養の導師を乗専がおこなったことから、そのために胎内におさめる文書も乗専によって書かれたのではないかと思います。元応二年に上人がはじめて大谷の廟堂をおとずれた時、上人の姿は俗体であったといわれます(『存覚一期記』)。だとすると、太子像の開眼の時にもおそらくは俗体であり、それをはばかって上人は乗専に導師を依頼したのではないかと思います。開眼供養の導師なら、願主にかわって筆をとったとしても何の疑問もありません。

山科興正寺

山科の地はどのように入手したのか

　了源上人が興正寺の建立のためにとった手だては勧進であり、有縁無縁の人たちの喜捨のもと興正寺の堂舎が建てられます。有力な貴族や武士が壇越となって寺を建立する場合をのぞき、勧進は堂舎の造立には普通におこなわれており、由緒ある仏像の堂舎建立などには、仏像の霊験や功徳を説いて、ひろく喜捨をもとめました。まさに一紙半銭をあおぐわけで、短い期間で勧進を終えるものもあれば、長い年月をかけて勧進をつづけることもありました。

　上人は念仏の道場をもうけ得脱の道をもとめるべきだと、堂舎建立の必要性をうったえ、勧進をおこなっています。

　カナラスコノ善ニクミシテ、アルヒハ自身ノ逆修《ぎゃくしゅう》ニ擬シ、コトニソノチカラヲアハセテ、アルヒハ亡魂ノ追福ニ資セヨ、ナカク念仏勤修ノ浄場トシテ、諸人得脱ノ覚路ヲトフラフヘキモノナリ（『勧進帳』）
この堂舎建立の善行にあずかって、あるいはそれを自身没後のための預修《よしゅう》とし、また、この堂舎建立に力をそえて、あるいはそれを亡魂の追福のたすけとせよ。この堂舎を長く念仏の道場として、人びとは得脱の道をもとめるべきである。
堂舎建立の地とされたのは山科《やましな》で、勧進帳には「コ、ニ雍州《ようしゅう》ノウチ山科ノホトリニ一所ノ霊地アリ、ケタシ無双ノ勝境ナリ……仍《よって》コノ名区ニツイテ梵閣ヲカマヘントオモフ」と記されます。山科に霊地があり、そこに堂舎を建てたいと述べられていますが、これは山科の霊地を今後手にいれ、そこに堂舎を建てたいというのではなく、山科の土地はすでに準備されていて、その土地に堂舎を建てたいといっているのだと解されます。
だとすると、上人は勧進をはじめる前から山科に地所を得ていたことになります。上人はもともと関東の人ですから、当初から山科に土地をもっていたとは考えがたく、この地は京都に移住したのちに得たものとみられますが、武士につかえる中間《ちゅうげん》だとされる上人が京都に移住してすぐに地所を得ているのも不思議な感じがします。おそらくこの土地は上人の主人である比留維広《ひるこれひろ》の援助をうけて得たものであって、維広の協力のもと買いとったものか、元来、維広が権利をもっていた土地に上人が使用権を与えられたものとみられます。そうでなければ、たやすく地所を得ることはできなかったと思います。

「山科ノホトリ」といわれるこの土地がはたして山科のどこにあったのかは定かではありません。佛光寺では現在の京都市山科区東野百拍子町《ひがしのひゃくひょうしちょう》をその旧跡地としていて、同地には「佛光寺旧址」と書かれた石碑が建てられていますが、この石碑が建てられたのは大正六年のことで、伝承をもとに同地を一応の旧跡の地にみたて建てたもののようです。実際には、百拍子町の北西にあたる西野《にしの》から厨子奥《ずしおく》といわれる地域周辺にこの土地があったのではないかと考えられますが、それにしても断定することはできません。山科にあった興正寺については、ふるくよりただ山科興正寺と呼ばれるだけですので、山科という以外、はやくからその所在地もわからなくなっていたのだと思います。

実のところ、上人がいつ勧進を終え、山科に堂舎を建てたのかもはっきりとはわかっていません。そのため興正寺建立の年については、勧進をはじめた年を建立の年にあてたり、その後の数年のうちのある年を建立の年にあてたりとさまざまに説かれてきました。上人が勧進をはじめてから三年後には山科に建物が建っていたことは確実で、存覚上人がそこをおとずれたことが記録にのこされています(『存覚一期記』)。了源上人は勧進帳に一宇の小堂を建てたいと記していて、大きな建造物を建てようとしていたのではありませんから、そのころまでには、あらあら造作もすんでいたようです。小堂とはいっても、寺号を称する寺であることからみて、庵室のようなものではなく、それなりの規模はあったはずで、いつできたというより、数年にわたって造作をかさねつづけたというのが実状だろうと思います。

こうして造作された堂舎に上人がかねてあがめていた阿弥陀如来像と聖徳太子像が安置され、聖徳太子にちなんで興正寺の寺号を称しますが、『存覚一期記』には興正寺との寺号は本願寺の覚如上人がつけた寺号だと記されています。これは了源上人が覚如上人に依頼し、形式上の名付け親になってもらったということであろうと思われます。

第三章

了源上人の教化

興正寺の勤行　正信偈と和讃五首

了源上人がいつ勧進を終え、山科に興正寺を建立したのかは正確にはわかっていませんが、江戸時代には一般に山科に興正寺が建立されたのは正中元年（一三二四）のことだといわれていました。

この年ならば、興正寺が建立されたのは上人が勧進をはじめてから四年後のことになります。興正寺の建立を正中元年とするのは『存覚一期記』にもとづく説で、同書の正中元年条に存覚上人が山科興正寺で供養の導師をしたとの記述があり、そこから興正寺の建立を同年のこととしています。しかし、この供養というものが寺を建立したことの供養なのかどうかがはっきりとしません。寺を建立した際のもののようにも解されますが、『存覚一期記』の前年条には了源上人が山科に建てた寺を存覚上人がおとずれたとの記述があって、すでに寺は建っていたようですし、供養がおこなわれたというのも八月の彼岸の日で、供養は単に彼岸会の供養のようにも思われます。このあたり『存覚一期記』の既述があいまいで、正確なことを知ることができません。ただ、正中元年条には興正寺との寺号は本願寺の覚如上人がつけた寺号だと寺号についての言及があり、興正寺との寺号を称したのはあるいはこの年なのかもしれません。

了源上人がはじめて大谷の廟堂をおとずれた時、上人は存覚上人に対して自分は門徒といっても法門のことは存知していないといったといいますが、それと前後して、堂舎建立の勧進をはじめ、寺を開いているのですから、法門のことを知らないはずはなく、むしろよく知っていたというべきでしょう。上人は興正寺の第三世とされる了海上人のもとにも数年のあいだたびたび通ったといっており、関東でふかく教えを受けていたのだと思います（『一味和合契約状』）。ことに作法などは関東の風儀を身につけていたとみられます。おのずから上人在世中の興正寺もいわば関東風で、当初から京都で展開していった本願寺などとはちがった風儀が伝えられていたと思われます。

了源上人の師である明光上人や、その師である誓海上人は興正寺が開かれた時にも健在で、鎌倉に住む両上人と京都の了源上人との交流は、その後もかわらずにつづいていました。こうした交流からも興正寺に関東の風儀がもたらされたであろうと思います。

特徴的なのは正信偈と和讃を読誦していたことで、了源上人は明光上人より教えられ正信偈と和讃を読誦するのだと述べています。

六時ノツトメヲハフキテ三時トナシ、光明寺和尚ノ礼讃ニカヘテ正信念仏偈等ヲ諷誦セシメタマヘリ、マタ念仏ノモノウカラムトキハ、和讃ヲ引声シテ五首マタ七首ヲモ諷誦セシメタマヘリト先師明光ヨリウケタマハリキ（『算頭録』）

一日六度の勤めを三度とし、善導の往生礼讃にかえて正信偈などを読誦せよ。また念仏がおっくうな時は和讃を五首か七首誦せよと明光からうけたまわった。

普通、正信偈と和讃の読誦は本願寺の蓮如上人が取り入れたものだといわれますが、興正寺では了源上人の時代から読誦がおこなわれていました。蓮如上人はあくまで本願寺に取り入れたのであって、真宗に取り入れたというのではありません。

ここでいわれる和讃を五首か七首読誦するというのは和讃のふるい読誦方法と考えられます。これは理にかなった読み方で、たとえば高僧和讃なら和讃の数は曇鸞讃が三十四首、善導讃が二十六首となりますが、三十四首なら五首づつ四回、七首で二回読誦すれば区切りよく読め、二十六首なら七首づつ三回、五首で一回読誦すれば全部を読むことができます。六首引のように一回に六首と限定すると、区切りが悪く、あまりがでてしまいます。高田派には現在も和讃五首との形式がのこされていますが、これもふるく五首か七首で読んでいたことのなごりを伝えるものとみられます。

五首、七首というのは和讃の数にもとづくものですが、六首読むというのは、それこそ蓮如上人が取り入れたもので、こちらはおそらく音階にもとづいて六首となったのではないかと考えられます。初重、二重、三重と三つの音階で和讃を読誦するなら、一つの音階で何首読むにしてもそこで読まれる和讃の総数は必然的に三の倍数となり、そこから一つの音階で二首づつを読む六首引となったのではないか思います。

了源上人は正信偈と和讃の読誦は明光上人から教えられたといっており、これも関東からもたらされた風儀だといえます。

興正寺の教化

了源上人はどう教化したのか

了源上人が建立した山科の興正寺では、真宗の教えにもとづくさまざまな行事がもよおされ、人びとへの教化が行なわれていたと思われますが、どのような行事が行なわれたのかはくわしく知ることはできません。一つだけ知られているのは、正中元年（一三二四）八月の時正《じしょう》中日に供養が行なわれたことで、存覚上人が導師をつとめています（『存覚一期記』）。時正とは昼と夜の長さがひとしいという意で、春と秋の彼岸のことを意味します。この場合は旧暦八月ですから、秋の彼岸のことになります。山科興正寺で行なわれたことが確かめられるのはこの彼岸会だけです。

山科の興正寺はその後渋谷の地に移され、寺号を佛光寺と改めますが、おもしろいことに佛光寺となった直後にも彼岸に供養が行なわれたことが記録にのこされています。この時は春の時正中日で、同じく存覚上人が導師をつとめています（『存覚一期記』)。「聖道出仕儀式也」と記され、厳格な儀式がいとなまれたようです。こうしてことさらに彼岸会のことが記録にのこされるのは、興正寺では彼岸会が重要な行事であったからだと考えられます。了源上人は春秋の彼岸を特別な日とみていたことがうかがえると思います。

これと対応するかたちで、本願寺の覚如上人は『改邪鈔』という著述のなかで彼岸について言及し、彼岸を重視することを批判しています。

二季の彼岸をもて念仏修行の時節とさだむる、いはれなき事。

(他力の行者には)行住坐臥を論ぜず長時不退に到彼岸《とうひがん》の謂《いひ》あり……二季の正時をえりすぐりて、その念仏往生の時分とさだめて起行をはげますともがら、祖師の御一流にそむけり

浄土往生は、時を定めず、本願のいわれを聞信する一念に決定するものであって、とくに彼岸をかぎって念仏修行の日とするのはあやまりだと説かれます。

『改邪鈔』は邪を改めることを目的に撰述されたものですが、取りあげられる邪は覚如上人にとっての邪であり、のちに本願寺とは袂を分かった了源上人に対しては、了源上人を邪と決めつけ、とくに激しい批判が述べられています。『改邪鈔』に彼岸

についての編目がたてられていることからみても、興正寺で彼岸が重視されていたことは間違いありません。覚如上人もそれを見聞していたのでしょう。

善導大師の『観経疏』に「その日《ひ》正東《しょうとう》より出でて直西《じきさい》に没す。弥陀仏国は日没の処に当りて、直西十万億の刹《せつ》を超過す」とあるように、彼岸には太陽が真東から出て、真西に沈みます。こうしたことから一般に西方浄土を求める浄土信仰と彼岸は結びついて理解されており、彼岸の日の日没に西に向かって念仏を称えるということも各所で行なわれていました。ことに西方浄土の東門とされる大阪の四天王寺での念仏は有名です。了源上人もこうした一般の理解を踏まえて、彼岸を重視していたものとみられます。

現在も彼岸会は日本の仏教の各宗でいとなまれていますが、彼岸会は浄土信仰にかぎらず、すべての宗派で行なわれたもので、それこそ上下の別なく人びとに受け入れられた仏教行事といえます。彼岸の日に仏事を行なうのは日本だけで、仏教本来の行事ではないといわれます。宋《そう》の時代の中国僧は、彼岸は日本の習俗だといっています（『大休禅師語録』）。

日本で彼岸の仏事がひろまったのは平安時代からで、『源氏物語』のなかにも「彼岸の初にていとよき日なりけり」との記述がみられます。彼岸は善根をつむ日とされ、沐浴をし、魚肉を断ち、種々の仏事がいとなまれました。日本だけの習俗であるにしても、彼岸は人びとの生活に深く根付いたもので、まさに「仏法相応ノ時節」として受け入れられていました（『壒嚢抄』）。

興正寺で彼岸会がいとなまれたのもこうした人心を汲んでのもので、庶民の信仰を集めるため、庶民の願いにそって行なわれたといえます。興正寺の教化がいわば現実的な方途ですすめられていたことを示しています。覚如上人は彼岸の重視を邪としていますが、これは両寺の性格の違いからくる主張とみられます。興正寺が庶民教化をすすめる寺であったのに対し、本願寺は教学の伝授と指導をする寺で、庶民の信仰を集める必要はありませんでした。のちの蓮如上人以後は本願寺も庶民教化をすすめる寺に性格を変えますが、それにともない本願寺も彼岸会を行なうようになっていきます。性格が変わると、邪といっていたものも邪ではなくなるようです。

山科興正寺の発展　庶民教化と存覚上人の協力

山科興正寺では庶民教化がすすめられ、庶民の信仰を集めて興正寺は発展していきます。山科の興正寺で行なわれていたことが知られるのは彼岸会だけですが、興正寺は彼岸会にみられるような庶民的な行事を行なったり、あるいは葬送や亡者の年忌法要といった庶民に直接かかわる仏事にたずさわることで発展したものとみられます。

現実の社会のなかに教えをひろめる以上、世の状況とそこに生きる庶民の素朴な願いを無視してはひろく教えをひろめることはできません。庶民が実際に求めるのは葬送や年忌の法要であり、それにこたえるかたちで教化をすすめ、そこを入り口に「諸人得脱ノ覚路ヲトフラフヘキ」真宗の教えが説かれていったものと思います(『勧進帳』)。庶民の心意を汲んだいわば現実的な教化方法だといえます。

山科興正寺がどの程度の発展をみせたのかはくわしく知ることはできませんが、のち了源上人は「京都トイヒ辺国トイヒ、コノ法ヲヒロメテ道場ヲカマヘ、本尊ヲ安置スルコトツノカスステニオホシ」といっており、上人在世中に門下の道場も数多くできていたことが知られますから、興正寺が急速にかなりの発展をとげたことは疑いありません(『一味和合契約状』)。了源上人は本願寺の存覚上人をたすけ、存覚上人を興正寺に寄宿させたり、別に住坊をもうけたりと生活全般の援助をつづけましたが、こうしたことからも了源上人の時代の興正寺の発展の様子がうかがえると思います。

存覚上人は覚如上人の長子で、本来ならば本願寺を継ぐべき人ですが、生涯に二度父の覚如上人から義絶され、結局、本願寺を継ぐことはありませんでした。最初の義絶の際に存覚上人をたすけたのが了源上人で、行き場を失った存覚上人を山科の興正寺に招きました。存覚上人も了源上人を頼りにしたのでしょう。存覚上人は長らく興正寺に住み、存覚上人の子供も興正寺で生れています。

存覚上人は興正寺の門徒にかぎらず、親鸞聖人の流れを汲む関東の門徒団をも指導した人で、関東の門弟たちも存覚上人と親しくまじわっていました。門徒団の信望はあつく、覚如上人に対しても連署して義絶を許すよう訴えようともしています。

関東の門徒たちはしばしば存覚上人をたずね、法義の指導をうけたり、義絶和解の相談をしたりしたようですが、存覚上人は興正寺に住んでいるのですから、こうした面会も興正寺で行なわれていたとみられます。関東の門徒たちの興正寺への出入りは相当あったはずで、親鸞聖人の廟堂である本願寺と興正寺を順次にめぐるということも行なわれていたのだと思います。

存覚上人は当時の真宗のなかでは突出した学僧で多くの著述をのこしていますが、そのうちには了源上人の求めに応じて著されたもののこされています。『持名鈔《じみょうしょう》』『浄土真要鈔《じょうどしんようしょう》』『弁述名体鈔《べんじゅつみょうたいしょう》』『破邪顕正抄《はじゃけんしょうしょう》』『諸神本懐集《しょしんほんかいしゅう》』『女人往生聞書《にょにんおうじょうききがき》』などの述作で、存覚上人が興正寺に寄宿しているあいだに書かれたものです(『浄典目録』)。真宗の要点を述べたものや、神祇と真宗の関係を述べるもの、真宗での女人往生を述べるものなど、内容はさまざまなものとなっていますが、いずれも仮名書きで、解りやすく書かれていることに特徴があるようです。これらのなか『浄土真要鈔』は、了源上人がすでに所持していた本をもとにして、存覚上人がそこに添削を加えるかたちで成った述作ですが、この書には存覚上人の識語があって、了源上人の依頼により解りやすく書いたのだと述べられています。

文字ニウトカラン人ノコ、ロエヤスカランコトヲサキトスヘキヨシ、本主ノノソ

ミナルユヘニ重々コトハヲヤハラケテ一一ニ訓釈ヲモチキル

本主とは添削を求めた了源上人のことで、上人の望みにまかせ、文字にうとい人びとにも心得やすいように言葉をやわらげて一つ一つに訓釈をつけたと述べられます。仏教のことばにうとい普通の人びとへの配慮といえます。庶民教化をすすめる了源上人の姿勢をうかがわせます。

存覚上人は了源上人の所望によって数十帖の聖教をあらたに書いたり書写したともいっており、自身の著述にとどまらず、多数の聖教の書写本も興正寺にもたらしたようです(『存覚一期記』)。存覚上人は一般の仏教や習俗にそって教えを説き庶民教化につとめたといわれますが、存覚上人が了源上人に協力をつづけたのも、庶民教化という点で了源上人と一致した意見をもっていたからだと思います。

渋谷佛光寺

なぜ寺号を佛光寺と改めたのか

山科にあった興正寺は庶民の信仰を集めて急速に発展をとげましたが、やがて興正寺は山科から京都東山の渋谷《しぶたに》の地に寺基を移します。『存覚一期記』によると、寺基の移転は嘉暦三年（一三二八）前後のことで、そのころ渋谷へと移ったようです。寺基の移転という大きな出来事の割には、はっきりとした年次が分からずあいまいですが、このことを記録する『存覚一期記』の記述が明確でなく、はたしてそれが嘉暦三年なのかその前後の年なのかがはっきりとしません。

興正寺がいつ渋谷へ移転したのかは江戸時代にもいろいろと論じられていますが、それをみても諸説さまざまで、統一した見解はみられません。すでに移転の年を判断する明白な根拠を失っていたために、諸説さまざまに説かれたのだと思います。移転の年は興正寺でもはやくから分からなくなっていたのでしょう。

渋谷への移転が嘉暦三年の前後いずれの年であったにしても、了源上人が興正寺建立の勧進をはじめてから移転までわずか十年ほどにすぎません。建物が建つまでの期間をのぞくと、実際に興正寺が山科にあったのはわずかに六、七年の間であったことになります。移転までの期間があまりに短すぎるようにも思えますが、逆に短いからこそ移転しやすかったのかもしれません。

佛光寺と寺号を改めたのは渋谷に移ってからで、移転に際して寺号も改めたものとみられます。移転から百五十年あまりのちに書かれた文書には、佛光寺とは山科興正寺を渋谷の地に移し号するようになった寺号だと記されています。

当寺ノ元記ヲタツヌルニ、山科興正寺ヲ、イマノ比叡渋谷竹中ノ在所ニ引移シテ一宇ヲ建立シ、本尊ノ告勅《ごうちょく》ニマカセテ佛光寺トコレヲ改ム（文明十五年「佛光寺造立奉加帳」）

「イマノ比叡渋谷竹中」とあるのは佛光寺の所在地を指す地名で、要は、山科興正寺を渋谷の地に引き移して佛光寺と改めたと述べられています。本尊のお告げによって寺号を改めたともいっていますが、これは文書が書かれた文明十五年（一四八三）には、そのように理解されていたということで、逆にいえば、文明年間の佛光寺では、本尊のお告げによって佛光寺という寺号が付いたのだと説明していたことを示しています。現在は、本尊が光りかがやいたという奇瑞によって佛光寺との寺号に改められたと説明されますが、ふるくは別の説明のしかたもされていたようです。

実際のところは佛光寺との寺号は存覚上人が付けたもので、『存覚一期記』に存覚上人が興正寺の寺号を佛光寺に改めたことが明記されています。存覚上人は興正寺が渋谷へと移って佛光寺となった後にも了源上人の援助をうけており、引きつづき佛光寺に住んでいました。名付け親になってもらうにはもっともふさわしい人で、了源上人と相談して佛光寺との寺号を付けたものだと思います。興正寺の寺号は聖徳太子にちなむものですが、佛光寺とは阿弥陀仏の光の意で、おそらくは当時さかんに用いられていた光明本尊という絵像を念頭に付けられた寺号ではないかとみられます。

移転に際して寺号を改めたにしても、十年にも満たないうちに興正寺との寺号が改められているわけで、いささか不思議な感じもします。興正寺ではこれを本尊の奇瑞によるとしますが、『反古裏書《ほごのうらがき》』という戦国時代の本願寺系の著述ではちがった説明がされています。

(興正寺とは)空性坊了源覚如上人へ参入のとき……立られし一寺の称号なり。

佛光寺とは当家退散のゝち渋谷にをいて号せられし名なり

興正寺とは了源上人が本願寺の覚如上人の門下であったときに立てた寺の名であり、佛光寺とは本願寺門下を離れたのちの名だといっています。いいかえれば、了源上人が覚如上人との縁を断ち、それが原因で寺号を改めたということになります。のちの江戸時代にも本願寺はこの主張をくり返していて、了源上人は覚如上人の弟子で興正寺の寺号も覚如上人が与えたものであり、その後破門したから興正寺の寺号を取り上げたのだといっていました。弟子であるとか、寺号を与えたというのは江戸時代の感覚でのとらえ方ですが、主張の基本となる了源上人が覚如上人と縁を断っていたということは事実として認めてよいように思います。

当初、了源上人は覚如上人に頼んで興正寺との寺号の名付け親になってもらっていましたから、覚如上人との縁を断った後は興正寺の寺号を用いづらくなり、それで移転を契機に佛光寺と寺号を改めたということなのだと思います。

渋谷の地

なぜ渋谷の地が選ばれたのか

嘉暦三年（一三二八）ころ、了源上人は興正寺の寺基を京都東山の渋谷《しぶたに》の地に移し、寺号を佛光寺と改めます。以後、佛光寺はながく渋谷にありましたが、その期間のとらえ方について、現在の興正寺と佛光寺では異なった見方をしています。この佛光寺はのちに二つに分れ、いまの興正寺と佛光寺とになりますが、その際、興正寺はこの地を離れたのに対し、佛光寺はそのままこの地に残ります。

興正寺と佛光寺が分れたのは文明十三年（一四八一）ころのことで、興正寺からすれば、興正寺につながる佛光寺は百五十年あまり渋谷の地にあったことになります。一方、佛光寺からすると、佛光寺はそのまま渋谷の地にあり、天正十四年（一五八六）前後に現在の五条坊門の地へと移りますから、佛光寺は二百五十年あまりこの渋谷の地にあったことになります。もとより、とらえ方のちがいによるもので、どちらが正しいというものではありません。

興正寺の伝承によると、渋谷の佛光寺は佛光寺と寺号を改めたのちも山科以来の興正寺の寺号を残していたとされ、一つの寺に二つの寺号があったとされています。一つの寺に二つの寺号があってもおかしくはありませんが、当時の史料には「一向宗堂佛光寺」と書き記されており、正式な寺号とするなら佛光寺ということになります（『祇園執行日記』）。のち蓮如上人の教団に参入してあらたに興正寺を開いた経豪（蓮教）上人も、興正寺を開いた後、のちのちまで「佛光寺殿」と呼ばれていました（『空善記』）。

ならば興正寺との寺号が用いられなかったのかというと、佛光寺となった後にも、もとの寺号は興正寺であったといいつづけていたようで、興正寺という寺号も周知の寺号であったはずです。伝承でいう、二つ寺号があったというよりも、興正寺の寺号は佛光寺の旧名として通じていたとみるべきだと思います。

佛光寺があった渋谷の地は、現在の興正寺本山から東に一粁ほどのところで、いまの京都市東山区茶屋町がその地にあたります。現在は豊国《ほうこく》神社と方広寺《ほうこうじ》が建っており、その境内地となっています。この地は京都と山科とを結ぶ中世の苦集滅路《くずめじ》という道のすぐ脇で、その道の南側に佛光寺が建っていました。苦集滅路は東山を越えて山科に抜ける道で、別名を渋谷越《しぶたにごえ》ともいいます。中世、京都と山科の往来には三条粟田口《あわたぐち》から山科に抜ける東海道か、この苦集滅路が使われました。佛光寺の山科から渋谷への移転も、ちょうど苦集滅路を通って移ったかたちになっています。

渋谷は鴨川の東側に位置し、京都といっても、平安京の範囲内である洛中《らくちゅう》ではなく洛外《らくがい》にあたります。平安京の洛中と洛外の区別は長く残っており、洛中を京中《きょうちゅう》というのに対し、洛外は辺土《へんど》といわれました。鴨川の東側も辺土で、京とは呼ばれずにひろく河東《かとう》とか白河《しらかわ》の名で呼ばれました。渋谷もひろくは白河に含まれていて、佛光寺の所在地を白河と表す例もあります。

区別があるとはいえ、京中も辺土もひとつづきの土地であって、全体で京都という町が成り立っていました。京都に寺があるということから得られる便宜は大きく、了源上人もさまざまな便宜を求めて寺を京都渋谷へ移したといえます。ではなぜ上人は京都のなかでも渋谷の地を選んだのかというと、おそらく、上人と鎌倉武士とのつながりから、この渋谷の地が選定されたのではないかと思います。

鎌倉幕府の京都での拠点は六波羅探題府《ろくはらたんだいふ》で、幕府の出先機関として在京する武士たちの支配にあたっていました。この六波羅探題府はその名のとおりに京都六波羅の地にありましたが、六波羅は渋谷の北西側、至近の距離で、渋谷と六波羅とはほとんど隣接地といってよいような位置関係にあります。通常、武士たちは主従関係を目にみえるかたちで示すため、主人の家の脇に家来も住むというふうに集まり住むもので、京都でも同様に、武士や家来たちは六波羅周辺に集まり住んでいました。それゆえ六波羅の周辺は、京都といっても、さながら武士の支配地のようになっていました。

鎌倉武士の中間であった了源上人が六波羅に近い渋谷を移転の地に選んでいるのは偶然とは思われません。上人自身、関東から京都に移った当初は六波羅周辺に住んでいたとも考えられます。いうなれば六波羅周辺は上人にとって縁のふかい土地であり、武士やその家来たちなのか、移転以前からすでに六波羅周辺には門徒もいたようです（『念仏相承血脈掟書』）。

渋谷の地所の取得にしても、武士とのつながりがあったから入手できたとみられますし、上人が渋谷の地を選定したことの背後には、鎌倉武士の存在を考えなければなりません。

第四章 興正寺建立伝承

親鸞聖人一旦帰洛説

興正寺の寺伝では、越後へ流罪となった親鸞聖人は流罪が許された後に、一旦京都へと戻り、京都から関東へ向ったとされています。聖人が京都へと戻ったときに建てられたのが興正寺で、ここから興正寺では、興正寺は親鸞聖人が開いた寺であるといっています。

この説は江戸時代、興正寺がさかんに喧伝したもので、説かれていくうちに内容も肉付けされ、より具体的に語られるようになっていきました。

江戸時代後半に著された『興正寺略伝』『山科興正寺付法略系譜』などから、江戸時代、興正寺でこの説がどのように語られていたのかをみてみると、親鸞聖人は建暦元年（一二一一）に流罪の勅免をうけて、翌建暦二年に上洛したとして、上洛の理由も、皇恩を拝謝するため上洛したのだと述べられています。興正寺草創の経緯については、一旦帰洛の際、聖人が帝に請われて、山科に一宇を設けたのが興正寺のはじまりとされ、興正寺との寺号も帝より賜ったものだとされます。

流罪赦免後の聖人が越後より、一旦帰洛したとする説は、興正寺と佛光寺が寺伝として伝えるものですが、この説は江戸時代から疑問視されていて、現在も一般には史実とは認められていません。本願寺の覚如上人の著した『御伝鈔』に「聖人越後国より常陸国にこへて笠間郡稲田郷といふところに隠居したまふ」とあるのをはじめとして、一般には聖人は越後から、直接、関東におもむいたとされています。『恵信尼消息』により、聖人が上野国の佐貫《さぬき》（群馬県邑楽郡）で千部経の読誦を思い立ち、やがて中止したという出来事があったことが知られていますが、これも越後から、直接、常陸へと向った道中での出来事だと考えられています。文中、その後に常陸に向ったとの記述があり、経路からいっても、そう考えるのが妥当なようです。

聖人はもともと京都にいたわけですから、流罪赦免後、京都に戻ったとしても不思議はなく、むしろ戻るのが自然のことなのですが、では本当に戻ったのかというと、これを直截に証明する証拠は何もありません。

しかし、この聖人が一旦京都に戻ったとするのは相当に古い伝承で、鎌倉時代の了源上人がすでにこの説に言及しています。

親鸞聖人ハ配所ニ五年ノ居緒ヲヘタマヘテノチ、帰洛マシ〱テ、破邪顕正ノシルシニ一宇ヲ建立シテ、興正寺トナツケタマヘリ(『算頭録』)

了源上人は、親鸞聖人は配所である越後から京都に戻り、そこで建てたのが興正寺であると明言しています。実際に興正寺を開いたのは了源上人自身であり、その上人が興正寺は親鸞聖人が開いた寺だというのは奇異な感じがしますが、おそらく、上人には興正寺は親鸞聖人の古跡を復興したものなのだという意識があり、そこからこうした表現がとられたものと思います。

ここで了源上人は興正寺の建立と親鸞聖人の一旦帰洛の説を結びつけ、興正寺は親鸞聖人が開いた寺だとの主張をしていますが、しかし、これははじめから結びついていたものではなく、一旦帰洛の説は、元来、別の伝承として語られていたものとみられます。実際、一旦帰洛の説には、興正寺の建立とは結びつかない別の所伝もありました。

佛光寺本山に蔵される親鸞伝絵は室町時代前期の制作といわれ、興正寺と佛光寺が分立する以前に成ったものとみられますが、そこに聖人が一旦京都に戻ったことが記されています。しかし、佛光寺の伝絵には一旦帰洛した聖人が興正寺を建立したということは、一切、言及されていません。逆に一旦帰洛の説は、聖人が京都に戻った後、関東へ向う道中で伊勢神宮に参宮したという別の説話として記されています。聖人が伊勢神宮に参宮したという伝承は室町時代の高田派の著述などにもみられ、これも古くからの伝承なのですが、ともかく、一旦帰洛説が別の説話に取り込まれているということは、元来、一旦帰洛の説が興正寺の建立とは関わりなく、別の伝承として語られていたことを示しています。おそらく、了源上人が属した荒木門徒のなかで伝えられていたもので、興正寺が建立される以前からすでにあった伝承なのでしょう。その伝承に了源上人が興正寺の建立を結びつけたということになります。了源上人以来、一旦帰洛の説は、興正寺は親鸞聖人が開いた寺だとする主張の根拠の一つとされますが、元来は別にあった伝承としなければなりません。

　では、そもそもなぜ了源上人は、興正寺を親鸞聖人が開いた寺だと主張するのか、次にはそれが検討されなければなりません。

親鸞聖人興正寺開基説の意義

興正寺を親鸞聖人が建立した寺だとするのは、興正寺を開いた了源上人自らが主張するものであり、いうなれば興正寺の草創のころからいわれつづけた主張ということになります。

親鸞聖人ハ配所ニ五年ノ居緒ヲヘタマヘテノチ、帰洛マシ〳〵テ、破邪顕正ノシルシニ一宇ヲ建立シテ、興正寺トナツケタマヘリ(『算頭録』)

了源上人は、親鸞聖人が越後から一旦帰洛して建立したのが興正寺だといっています。

了源上人の主張については、古くからそれが事実なのか否かが論じられ、興正寺は親鸞聖人が建立した寺だとする興正寺の主張に対し、興正寺の主張を認めずにそれを否定するというふうに、とかくその当否のみが問題とされてきました。もとより現在では、親鸞聖人が興正寺を開いたということを事実として認めることはできませんが、問題とされるべきは、それが事実か否かということではなく、なぜ了源上人がそうした主張をするのかということであって、そう主張することの意味が論じられなければなりません。

了源上人の興正寺は親鸞聖人が開いた寺だとの主張は、興正寺が親鸞聖人とかかわる由緒をもつということを述べるものであり、それも越後への流罪赦免後の聖人が興正寺を建立したとすることで、真宗のなか最初に開かれた寺が興正寺なのだということをうったえたものと解されます。いわば興正寺が格別の由緒をもつ寺だと主張しているのですが、こうした主張が出てきた背景には興正寺の本寺化の進展ということがあったと考えられます。真宗の最初の寺だとは、真宗の本寺だといっていることにほかなりません。

了源上人が興正寺を真宗の本寺と位置づけようとしていたことは、それを非難した本願寺の覚如上人の言辞からうかがうことができます。

覚如上人が門弟たちに対し定めたとされる禁制には、了源上人の渋谷の寺に出入りすることを禁じるとともに、「遠国御直弟、京都之外御本号（寺）無之事」との一条が書かれています(「二十四輩名位」)。いわれているのは大谷の本願寺以外に本寺はないということで、これは了源上人に対するさまざまな非難を並べるなか述べられており、ここから逆に了源上人が興正寺を本寺だと主張していたことがうかがわれます。本願寺以外に本寺はないとの言辞は、同じく覚如上人の『改邪鈔』にもみえています。

至極末弟《しごくまってい》の建立の草堂を称して本所《ほんじょ》とし、諸国こぞりて崇敬《そうきょう》の聖人の御本廟本願寺をば参詣すべからずと諸人に障碍《しょうげ》せしむる、冥加なきくはだての事

諸国の門弟がこぞって崇敬する本願寺をさしおいて、きわめて末弟のものが建立した草堂を本所と称しているということを批判しています。「至極末弟」とは了源上人を指すようですが、了源上人を至極末弟と貶することで、本寺としての本願寺の優位性をうったえたものといえます。

了源上人が興正寺を親鸞聖人が開いた寺だと述べるのも興正寺の優位性をうったえるためであり、聖人が建立したということを根拠に本寺との主張がなされたものとみられます。

上人が興正寺を親鸞聖人が建立した寺だと主張しだすのは、興正寺が発展をみせ、まさに興正寺の本寺化が進んでいた時期のことであり、親鸞聖人が興正寺を開いたと

の主張が興正寺の本寺化ということと結びついていることは疑いありません。了源上人が覚如上人との縁を断つのも、ちょうどそのころで、双方が本寺を称する以上、袂を分かつのもまた必然のことでした。

親鸞聖人が興正寺を開いたとする了源上人の主張は、やがて伝承となって興正寺に伝えられていきますが、この伝承が伝えられた意義は大きく、のちの時代の興正寺の動向を決定づけたのもこの伝承でした。江戸時代、興正寺は西本願寺との本末論争を繰り返し、独立運動を進めますが、その際、興正寺の独立の論拠とされたのがこの伝承です。興正寺は親鸞聖人が建てた最初の寺であり、本願寺より先にあった興正寺が西本願寺の末寺であるはずはない、というのが興正寺の主張でした。いわばこの伝承が興正寺の独立を進め、この伝承が独立へと人を動かしたのでした。

了源上人が興正寺は親鸞聖人が開いたと主張するにしても、何の根拠もなく、そう主張することはできません。上人は何を根拠にそういうのか、さらにそれをみる必要があります。

親鸞聖人興正寺開基説の謎を解く

親鸞聖人が興正寺を建立したという場合、その際の興正寺の草創の経緯については、おおむね二通りの説明がなされます。一つは、越後から一旦帰洛した聖人が山科に興正寺を設けたとするもので、興正寺は聖人によって創建されたものとします。もう一つは、越後から戻った聖人が京都五条西洞院《ごじょうにしのとういん》にあった住坊を山科に引き移して寺としたのが興正寺だとするもので、興正寺を聖人の住坊を再興したものとします(『叢林集』)。

あるいは、この二つの合わさった説明もあり、聖人が山科に興正寺を創建し、のちに了源上人が興正寺と五条西洞院の住坊を合併させたのだともいわれます。興正寺の伝承によると、この五条西洞院の住坊というのは、九条兼実《くじょうかねざね》が聖人に譲ったものとされていて、もとは兼実の所有していた花園を住坊としたことから、花園院《けおんいん》と呼ばれたとされています。

五条西洞院に聖人の住坊のあったことは事実で、『御伝鈔』にも聖人は関東での教化を終え京都に戻ると五条西洞院に居を占めたと記されています。もとよりその住坊は聖人の帰洛後の住坊であり、それ以前から聖人が所有していたとは考えられません。この住坊はのちに火災に罹り、聖人は晩年になってここを離れます。

関東から戻ったのちの聖人が五条西洞院に住したのであれば、越後から一旦帰洛した聖人が五条西洞院の住坊を山科に引き移して寺としたとの説は、伝承とはいえ、矛盾した伝承ということになります。伝承としては、山科に興正寺を設け、のち了源上人が五条西洞院の住坊を合併させたというのが、幾分、理にかなっており、おそらくこれが古い形態で、それが分れて二通りの説明がなされるようになったものとみられます。

このうち聖人が山科に興正寺を設けたというのは、了源上人が山科に興正寺を開いたという事実を踏まえていっているものですが、問題なのは五条西洞院の住坊との関係をいうことで、伝承としても、この五条西洞院の住坊との関わりをいうのが、より原初的な形態だったと考えられます。複雑なことをいわず、単に興正寺は聖人の五条西洞院の住坊を引き継ぐものだというのが、もともとのかたちだったのでしょう。

この五条西洞院の住坊と興正寺を関係づける説は、かなり古くからいわれていた形跡があります。滋賀県日野町にある興敬寺《こうきょうじ》と正崇寺《しょうそうじ》という寺は、いまは二つに分かれていますが、もとは一つの寺であり、寺号を興正（性）寺といいました。この興正寺について、興敬寺の寺伝では、開基は五条西洞院に住し、親鸞聖人より興正寺の寺号を下されたといっており、はじめは寺も京都にあったのだといっています。日野の興正寺は荒木門徒の流れをくむ寺で、この寺伝が興正寺本山の伝承から派生したものであることは明白ですが、すでに明徳二年（一三九一）の年付をもつ文書にこの寺伝が記されています（「興敬寺文書」）。

了源上人が興正寺は親鸞聖人が開いたといっていることを考えれば、この五条西洞院の住坊と興正寺との関わりをいうのは、了源上人がいい出したものとみてよく、上人は興正寺を五条西洞院の住坊を引き継ぐものと位置づけることで、興正寺を親鸞聖人が開いた寺だといったものと考えられます。親鸞聖人の住坊である五条西洞院の住坊の古跡を復興したのが興正寺なのだというのが了源上人の考えなのでしょう。

元来、上人の属した荒木門徒は五条西洞院の住坊に対する独特の見方をもっていて、上人が五条西洞院の住坊に着目するのも、その影響とみられます。親鸞聖人が法然上人の門下時代、九条兼実の娘である玉日《たまひ》と結婚したという玉日伝説は、この荒木門徒が伝えたものですが、玉日伝説のなかでは、聖人と玉日は五条西洞院に住んでいたことになっています（『親鸞聖人御因縁』）。興正寺の伝承が九条兼実の花園を住坊としたといっているのもこの伝説にもとづいています。ここで特徴的なのは、荒木門徒では五条西洞院の住坊が聖人の法然上人門下時代から一貫して存在していたと考えられていたことで、荒木門徒独特の見方といえます。

この見方から親鸞聖人の一旦帰洛説をとらえると、聖人が越後から帰洛したのであれば、それは五条西洞院に帰ったと考えられたということになります。興正寺と一旦帰洛説は五条西洞院の住坊を介在させると結びついているのであって、了源上人もここから興正寺の建立と親鸞聖人の一旦帰洛説を関係づけて主張したのだと思います。了源上人が一旦帰洛説と興正寺の建立を結びつけたのは、決して理由もなく結びつけたわけではなかったのです。

伝承の変化と興正寺批判

親鸞聖人が興正寺を開いたという伝承は、聖人の五条西洞院の住坊との関わりをいうのが原初的な形態で、聖人が山科に興正寺を開いたとするのは、伝承としてはその後に派生したものとみられますが、時代とともに五条西洞院の住坊との関わりはいわれなくなり、単に聖人が山科に興正寺を開いたということのみが説かれるようになっていきます。現在、興正寺本山で説いている興正寺の沿革にしても、流罪赦免後、越後から一旦帰洛した聖人が山科に建てたのが興正寺であるとして、聖人による山科での興正寺建立は説かれますが、五条西洞院の住坊との関わりについては触れられることはありません。

五条西洞院の住坊への言及は江戸時代を通じ次第に減少していく傾向にありましたが、これに決定的な影響を与えたのが、享保二年（一七一七）の高田派の五天良空《ごてんりょうくう》による『高田開山親鸞聖人正統伝《しょうとうでん》』の版行でした。『正統伝』は高田派を正統とする立場から著された聖人の伝記ですが、伝説や怪異談をも取りこんで総合的に聖人の一生を述べたもので、当時、大きな反響を呼んだ書物です。良空は興正寺の伝承も取りいれていて、この『正統伝』には、聖人が流罪赦免後に越後から一旦帰洛し、山科に興正寺を建立したと明記されています。

興正寺ではこの記述に喜び、しきりにこの『正統伝』の説を援用しましたが、逆にこれによって興正寺の伝承そのものが『正統伝』の影響を受けてしまい、以後の興正寺の伝承はそのまま『正統伝』の内容に倣うようになってしまいます。興正寺では、興正寺という寺号は朝廷より与えられたものだといっていますが、これも『正統伝』の記述をそのまま踏襲したものです。『正統伝』は山科での興正寺草創は述べますが、五条西洞院の住坊と興正寺との関わりを説くところはなく、この影響を受け、興正寺も五条西洞院の住坊との関係を重視することはなくなってしまいました。

『正統伝』が後世に及ぼした影響は、多大なものがあって、その後に著された聖人の伝記は、ほとんどが『正統伝』の内容を踏まえて書かれるようになります。興正寺を親鸞聖人が開いた寺だとする説が、ひろく知られるようになったのはこの書によるものといっても過言ではありません。

『正統伝』が一旦帰洛説と興正寺の建立を取りあげたのは、直接には『親鸞聖人正《しょう》明伝《みょうでん》』という本にもとづくもので、聖人の一旦帰洛説と興正寺の建立のことは、『正統伝』に先立って、この『正明伝』に述べられています。『正明伝』に特徴的なのは、聖人が一旦帰洛したのは建暦二年（一二一二）の八月の中頃だと、具体的な時期を記すことで、興正寺の建立についてもそれを同年の九月のこととし、翌十月に聖人は関東におもむいたとしています。これが『正統伝』になるとさらに詳細になり、聖人は八月十九日に京都に入り、九月に興正寺を建立し、十月二日に関東におもむいたと記されます。伝承というものが、次第に具体的に語られるようになっていく様子をうかがうことができます。

『正統伝』の版行は大きな反響を呼びましたが、この書が高田派の正統性を説くあまり、本願寺の所伝を罵倒するかのように批判したため、本願寺からは反感を買い、反対に『正統伝』の所説に対する批判も述べられるようになります。そのなかには親鸞聖人が興正寺を開いたという説への批判もあって、もし聖人が興正寺を建立したのであれば、関東での教化を終え京都に戻った聖人は興正寺に住むはずなのに興正寺に住んでいた形跡は全くないではないかとか、聖人は真仏上人に興正寺をゆずったといっているが、興正寺が建立されたという年には真仏上人は僅かに四歳ではないか、との疑問が呈されています。疑問としては当然の疑問で、興正寺の伝承に対する痛烈な批判となっています。

あくまで親鸞聖人の在世中に興正寺があったとし、それを実体視するあまり、その相承にしても真仏上人以下の歴代が実際に興正寺を相承していったとするのですから、興正寺の伝承に史実との矛盾が生じるのは必然のことで、実のところこうした矛盾は伝承の随所にみられます。伝承のもつそうした矛盾にも多くの批判が集まっていますが、それにもかかわらず、この伝承が興正寺に語りつがれたのは、伝承のもととなった興正寺は親鸞聖人が開いた寺だとの了源上人の主張以来、この伝承が興正寺の優位性を支えるものであったからであり、多少の内容の変化があるにしても、興正寺にとっては、何にましても、語りつがねばならない伝承だったからなのです。

第五章

名帳、絵系図、光明本尊

名帳とはどのようなものか

了源上人の興正寺は親鸞聖人が開いた寺だとの主張は、興正寺を真宗の本寺とする意図のもとになされた主張といえますが、興正寺が明確に本寺としての位置をしめるのは、了源上人が本願寺の覚如上人との縁を断ち、寺号を佛光寺と改めてからのことで、本寺としての体裁は興正寺が佛光寺となった以後にととのえられることになります。

了源上人は門末の組織化と、教線の拡大をはかることで本寺としての佛光寺の地歩をかためていきましたが、その過程で用いられるようになったのが名帳《みょうちょう》と絵系図《えけいず》で、佛光寺に特徴的なものとして、その名称はよく知られています。名帳と絵系図は佛光寺の代名詞のようにもいわれ、一般には佛光寺が発展したのは名帳と絵系図を用いた教化を行なったからだといわれています。確かに名帳と絵系図のために人びとが佛光寺に群がったと記す史料もありますが、もとより佛光寺の教化は名帳や絵系図につきるものではなく、佛光寺の発展の理由を名帳と絵系図のみに求めるのは誤りであろうと思います。名帳と絵系図のために人が群がったというのも、名帳と絵系図だけを佛光寺の特徴ととらえ、それをことさらに強調したことから、そうした記述がなされたものと思います。

名帳と絵系図は併称されることが多く、一対のもののようにとらえられがちですが、成立したのは名帳の方が先で、絵系図の方は名帳よりも遅くに、名帳をもとに考案されたものという関係になります。名帳は残存例がまれで、当初、用いられたものなどはのこされておらず、わずかにのちの時代に写されたものだけが伝えられるにすぎません。それをみると、名帳は全体が二つの部分からなり、前半に名帳を作成した趣意をのべた序文が付され、その後に道場主とその門徒の名を列記した部分が続くという構成になっています。名帳をもとに作られた絵系図が系図の形式になっており、絵系図のなかでも名帳を「先年名字ヲシルシテ系図ヲサタム」と、系図と呼んでいることから、後半の門徒の名を列記した部分は、系図の形式で書かれるのが本来の形式だったようですが、それをのぞけば、当初の形態は踏まえられているとみられます。

名帳作成の趣意としてのべられるのは、血脈を伝え一宗の相伝をたてるため同心の行者の名を載せるということで、それを一仏浄土の縁とするとのべています。

高祖源空聖人ヨリコノカタ、モハラ一流ノ血脈ヲツタヘテ一宗ノ相伝ヲタツルアヒタ、同心ノ行者ヲモテコノ名帳ニノスルトコロナリ……名帳ニツラナルヲモテ一念発起ノハシメトシ……一仏浄土ノ縁トセン……

名帳については、名帳そのものより、むしろそれを批判した覚如上人の『改邪鈔』の記述の方がよく知られており、名帳に対する見方にしても、その記述のままに解するという傾向がみられます。『改邪鈔』は「名帳勧録《かんろく》の時分にあたりて往生浄土の正業治定する」とのべ、名帳を名を記すことで往生が治定するものといっていますが、実際の名帳には、そのような趣旨をのべた部分は一切ありません。『改邪鈔』は佛光寺の主張をことごとく邪義と批判することで、本願寺のみを正当とすることを意図とした書ですから、そこでいわれる批判というものも、あえて事柄を強調してのべられた批判とみなくてはなりません。名帳についても、あえて邪義とするように書かれたものとみるべきしょう。

集団を形成する際に名前を書いて連帯を強めるというのは中世の一般的な慣習で、

村の自治組織である宮座《みやざ》などでも、宮座に入る時には加入者の名を帳面に記して成員に加えるといった慣例がありました。名帳もこれに類したもので、教えを受けた者のいわば入信の証しとして名を記し、それを血脈の相承のしるしとするとともに、名を記すことで集団としての連帯の強化をはかったものとみられます。名帳という名称自体は一般にも使われた名称であり、平安時代に融通念仏《ゆうずうねんぶつ》をひろめた良忍《りょうにん》は結縁をつのるため名帳を用いたことが知られますし（『融通念仏縁起』）、浄土宗西山派の証空《しょうくう》の伝記にも「結衆《けっしゅう》の名帳」との表現がみえています（『西山上人縁起』）。ともに人の名を記した帳面を名帳と呼んでおり、人びとの結びつきを強めるものとして名帳が用いられています。

佛光寺の名帳にしても、そこに名を書くと往生が定まるというようなものではなく、同心の集団の結びつきを強め、組織化をすすめるために用いられたものとみるべきだと思います。

絵系図の意義

名帳とともに佛光寺の教化の特徴とされるのが絵系図で、佛光寺というと絵系図を想起するほどに絵系図の名はひろく知られるところとなっています。絵系図は名帳をもとに考案されたもので、いわば名帳を発展させたものといえますが、伝来した数量には大きな違いがあって、名帳がほとんどのこされていないのに対し、絵系図の方には割合にのこされたものが多いという特色がみられます。これは両者の用いられた状況を反映するもので、名帳よりも絵系図の方が用いられることが多かったということを示しています。

実際、一部の地域では現在においても絵系図が用いられており、絵系図の方により人心をひきつけるものがあったことをうかがわせます。

現存する絵系図のうち、もっとも古いのは佛光寺本山と佛光寺の門前にある長性院《ちょうしょういん》とに蔵される絵系図で、了源上人の在世中に作成されたそのものが伝えられています。佛光寺本山本と長性院本は、本来、ひと続きだったものをのちの時代に分割したものであり、双方を合わせみることで、当初の絵系図の形状を復元することができます。

それによると、体裁は巻き物の体裁である巻子本《かんすぼん》になっており、紙を横に長く貼りつぎ、そこに僧と尼の姿がつらなって描かれています。なかには武士の姿をした俗人の絵も描かれていて、そのほかにも俗人の女性や子供の姿なども描かれます。描かれた人物の間には朱線が引かれ、系図のかたちに結ばれています。絵系図の冒頭には「一流相承系図」の題が付されており、それに続けて絵系図作成の趣旨を記した序文が書かれています。

序文にしたがえば、絵系図の作成の理由はいくつかあって、次第相承の儀を正しくすること、同一念仏のよしみを思って末の世まで形見をのこすとのことなどが作成の理由としてあげられています。

予カス、メヲウケテ、オナシク後世ヲネカヒ、トモニ念仏ヲ行スルトモカラ、ソノカスマタオホシ……イマコノ画図ヲアラハストコロナリ、コレスナハチカツハ次第相承ノ儀ヲタ、シクセシメンカタメ、カツハ同一念仏ノヨシミヲオモフニヨリテ、現存ノトキヨリソノ画像ヲウツシテ、スエノ世マテモソノカタミヲノコサントナリ……

予とあるのは了源上人のことで、自分の教えをうけた念仏の行者が増えたことから、その次第相承の儀を正しく示すために絵系図を作ったといっています。絵の方もこれに対応しており、筆頭に了源上人とその妻の了明尼公を描き、そこから朱線がのびて以下の人物を結んでいます。朱線は血脈の相承を表し、了源上人から教えが次つぎにひろがっていったということを示しています。

ここでは次第相承の儀を正しくするということが強調されていますが、誰に教えをうけ、誰に教えをさずけたかとの次第の相承は、この時代にはきわめて重要なことと考えられていたもので、現代の感覚とはかなりちがったとらえ方がされていました。正しい教えは正しい相承があってはじめて伝えられるものであり、相承がなければ正しい教えもまたないというとらえ方で、いわば自身の信仰の正しさを証明するものとして相承が重視されました。相承のはじめには、当然、親鸞聖人が位置するわけで、序文にも親鸞聖人から血脈が相承されていることが述べられ、相承の系譜が聖人につらなるものであることが示されています。

親鸞聖人ハ真宗ノ先達、一流ノ名徳ナリ……カノ御門徒アマタニアヒワカレタマヘルナカニ、予カ信知シタテマツルトコロノ相承ハ、真仏、源海、了海、誓海、明光コレナリ、コ、ニ了源カノ明光ノヲシヘヲタモチテ、ミツカラモ信シ、ヒトヲシテモ行セシム……

絵で表されるのは了源上人以下の血脈の相承ですが、かたちのないこの血脈の相承というものを、目に見えるかたちで表していることに絵系図の特色があるといえます。より具体的に関係を表すことを目ざしたもので、庶民を対象に教化をすすめるための工夫とみるべきでしょう。絵には俗人の女性や子供も描かれますが、そうした人びとには血脈の関係を具体的に示す必要があったのだと思います。

名帳には集団の連帯を強めるという側面がありましたが、連帯を強めるには絵系図の方が効果的であり、集団の組織化をすすめるためにも有効なものであったといえるでしょう。

これ恋慕のためか

絵系図が論じられる場合には、大抵、絵系図は批判的に論じられ、真宗の教えにそぐわないものとしてあつかわれます。いわば異義としてとらえられているのですが、では一体、何がどう誤っているのかというと、これがはっきりと示されることはありません。一般の説明では、絵系図を姿が描かれることで往生が治定するものと説いて、そこから絵系図を批判していますが、こうした説明がなされるのであれば、まずは絵系図が本当にそのようなものであったのかが示されなければなりません。ところが、絵系図についてはそういった検討は一切なされずに、ただ批判だけがくり返されます。いうなれば、自分で絵系図を異義と決めつけておいて、それを勝手に批判しているのであって、正当な論じ方だということはできません。

絵系図への批判は覚如上人の『改邪鈔』にはじまるものですが、絵系図は多くこの

『改邪鈔』を通じて解されることから、最初から絵系図は批判すべきものとしてとらえられるのでしょう。

絵系図に対する『改邪鈔』の批判は、道俗の男女の姿を描いて安置することを誤りだとするもので、それを祖師の教えに反するものと批判しています。

祖師聖人の御遺訓として、たとひ念仏修行の号ありといふとも、道俗男女の形体《ぎょうたい》を面々各々図絵して所持せよといふ御おきて、いまだきかざるところなり、しかるにいま祖師先徳のおしへにあらざる自義《じぎ》をもて諸人の形体を安置の条、これ渇仰のため歟、これ恋慕のためか、不審なきにあらざるものなり

ここでは絵系図を姿が描かれたら往生が定まるものと批判しているわけではありませんが、同じ『改邪鈔』のなか名帳を批判する部分では、名帳を名を記すことで往生が治定するものといって批判していますから、言外にはそうした意味も込められているとみられます。

もとより、『改邪鈔』にこう書いてあるからといっても、それは覚如上人がそういっているというだけのことで、実際の絵系図がそうであったかは別の問題です。

『改邪鈔』は了源上人を非難するために書かれたもので、それも了源上人の主張を

ことごとく異義とすることで了源上人を難じるものですから、『改邪鈔』の記述をそのまま信じることはできません。

近年の研究で絵系図を作ったのが存覚上人であったことが明らかになっています。佛光寺本山所蔵の絵系図などにのこされている筆跡が存覚上人のものであることが判り、存覚上人が絵系図の作成に関わっていたことがはっきりとしました。存覚上人に姿を描けば往生が定まるなどといった安易な発想があったとは、到底、思われませんし、当然のことながら存覚上人がのこした著述を通じてもそのような考えはみられません。ここからしても、『改邪鈔』の記述は大げさな記述であり、絵系図を難じるためにことさらになされた記述だといえるでしょう。

覚如上人は絵系図について、姿を描くのは恋慕のためかといっていますが、端なくもこれは絵系図の一面をとらえています。絵系図は現存する人びとの血脈の関係を示すためのものですが、作成の意趣には、末の世までの形見をのこすため姿を描くのだとも明記されています。描かれた人びとが亡くなれば、絵系図にのこされた姿は生前の姿をしのぶ形見の遺影となるわけですが、絵系図が受けいれられたのも、多くはこの遺影としての側面が求められてのことだったとみられます。形見の遺影であれば、のこされた人は恋慕の思いで絵系図に向かうでしょうし、形見のため自分もまた絵系図に姿をとどめたいと思うのも自然な思いといえます。

絵系図が姿を描くことで往生が定まるというようなものではなく、多分に遺影としての側面が求められていたことは絵系図の変遷をみても明らかで、当初、絵系図は在世中に姿を描くものでしたが、次第に没後にその姿を描くというふうに変化していきます。往生が治定するのなら生前に描かれなければならないのに、没後に姿を描いているのは、最初から没後の遺影ということに関心があって、それが時代とともに顕然化したものと考えられます。

以後、絵系図は現代にいたるまで用いられていますが、それらはほぼ遺影として用いられています。故人をしのぶよすがとして用いられているわけで、まさに覚如上人のいった恋慕という思いが絵系図を支えつづけていたのです。

血脈相承

血脈によって成り立つ集団

了源上人が書いた文書には、随所に血脈《けちみゃく》についての言及があり、しきりに血脈ということが強調されています。名帳と絵系図にしろ、本来は双方ともに血脈の相承を正しく示すために作られたものであり、そのことからしても、上人がいかに血脈ということに関心を寄せていたのかがうかがわれます。

血脈とは、教えの授受のながれということを表す語で、師から弟子に教えを伝えていく師資相承《ししそうしょう》とか、法脈という語と同じ意味をもっています。真宗では血統相続が普通なことから、血脈と血統とを混同して、血統のことを血脈といったりしていますが、元来の意味からすれば、これは誤りです。血脈の血という文字からの連想なのでしょうが、血脈の原義は血管ということです。師から弟子への教えの継承を人体の血のながれに擬して血脈といったもので、血管がつぎつぎにのびて血をながしていくように、教えが師から弟子へとつぎつぎに継承されるということを表しています。

血脈との考えは、教えは必ず人から人へと伝えられなければならず、人を介しない教えの相承はありえないという考え方にもとづくもので、仏教の諸宗に共通してみられるものです。了源上人にしても、こうした考え方から血脈を重んじているのですが、上人が血脈を重視するのには、いま一つの理由があって、集団の維持ということからも血脈が重視されています。

現在では、寺と檀家、あるいは僧と俗というものが明確にわかれ、それぞれが関係しあって全体として教団を構成していますが、この時代には、制度化された檀家などはなく、僧と俗の区分もあいまいで、人と人とを結びつけていたのは、唯一、血脈の関係でした。要は師弟関係のことであり、師弟関係の幾重もの連なりによって集団が形成されていました。集団が血脈の関係によって成り立っている以上、血脈の乱れはそのまま集団の乱れとなるわけで、ここから上人も血脈を強調し、血脈の乱れを防がなければなりませんでした。

そうした上人の主張を端的に示しているのが『念仏相承血脈掟書』と題される置文です。これは血脈の乱れが生じた際に、その解決の基準となるように定められた取り決めで、具体的に血脈のあり方の判断に迷う三つの事例をあげ、その際の正しい血脈のあり方というものを提示しています。

事例としてまずあげられているのは、ある人が他の人を教化する時に、自分にはその才覚がないのでまた別の人を雇って人を教化したとすると、教化された人は、雇われて教えを説いた人と、それを頼んだ根本の人のどちらの弟子となるのかというものです。そして、これについては教化を頼んだ根本の人の弟子となるのが正しいとされています。人を教化しようと志しを起こしたのは根本の人であり、その志しによって教化が行われたのだから、教化を受けた人は根本の人の弟子となるのだと説明されます。ついで、ある弟子が師を捨てて師のもとを離れたとすると、弟子のもとにいる孫弟子は、離れた直接の師と、そのまた上の師のどちらの弟子となるのかとの事例があげられます。そして、これについては上の師の弟子となるのが正しいとされます。上の師の導きにより、直接の師も仏門に入ったのだから、孫弟子はもととなる上の師の弟子となるのだと説明されています。最後には、師のもとを離れ念仏を捨てた弟子が、後年、再び念仏をはじめ、別の師のもとにおもむいたとすると、その弟子は最初の師と、のちの師のどちらの弟子となるのかとの事例があげられます。そして、これについては、二通りの解釈が示され、その弟子が本心では念仏を捨てずに最初の師のもとを離れたならば、その弟子は最初の師の弟子であるとし、本心から念仏を捨てたのであれば、のちの師の弟子となるのが正しいとされます。最初にえた念仏が真実であるのなら、最初の師の弟子となるのは当然のことであるし、一旦、本心から捨てたのであれば、最初の師のもとでは真実の念仏をえていないのだから、のちの師の弟子となるのだと説明されています。

こうして師弟関係のあり方のみが特に取り決めとして定められているところに、集団にとって血脈がいかに重要であったのかが示されていますが、あわせて特徴的なのは、教えをさずけた師の立場が擁護されているということで、それも教えのながれをたどってもととなる師が擁護されています。師がなければ弟子もないとの血脈の考え方からすれば、もとになる師が重要なのは当然のことで、これもまた血脈を重んじる態度の表れだといえます。

善知識

往生を得ることは知識の力なり

了源上人は教えの相承を示す血脈ということを重視しましたが、血脈とともに、上人が重視したのが善知識の役割で、著述のなかでも、しばしば善知識について触れ、その役割の大きさを述べています。

善知識とは、教えを教示する師のことで、単に知識ということもあります。仏教では、どのようなものであれ、仏の道にみちびくものはすべて善知識であると説くことから、善知識との語の用いられ方はひろく、仏や菩薩を善知識といったり、朋友を善知識といったりもしますが、普通、真宗では師のことを善知識といっており、了源上人も師のことを指して善知識と呼んでいます。善知識に対しては、悪知識とのいい方もあり、誤った道にみちびくものを悪知識といいます。

了源上人の善知識についてのとらえ方は、とにかく善知識は敬われなければならないとするもので、善知識の存在の大きさを説いて、往生が定まるのも善知識の力によるものだともいっています。

当流ノ一義ニオヒテハ、知識ニアヒテ仏法ヲキ、、一念ノ信心ヲオコストキ、往生スナハチサタマルトナラフ、……信心サタマルトキ、往生マタサタマルカユヘニ、往生ヲウルコトハ、知識ノチカラナリ（『念仏相承血脈掟書』）

当流では信心により往生が定まるとするが、信心は善知識に会い仏法を聞いたとき定まるのだから、往生が定まるのも善知識の力によるのだといっています。

こうした善知識のとらえ方は、いまの時代からみれば、いささか奇異な感じがします。実際、上人のこの主張から、了源上人には師を仏のごとくに尊崇する知識帰命の傾向があったとして、上人を批判的にみる意見も多く出されています。

しかし、上人が善知識を敬えといい、往生が定まるのは善知識の力によるといっているのは、血脈の相承を重んじ、血脈の相承をなくてはならないものとする考え方からなされたものであって、批判されるような知識帰命とは意味が違っています。血脈相承の考えでは、教えは必ず人を介して伝えられるもので、教えを相承するにしても教えをさずける師がいなければ相承もありえないとします。上人もそこから相承の師である善知識の役割を重視しているのであって、無条件に善知識を尊崇しろといっているのではありません。

師は血脈の相承によって教えを正しく伝えられた人であり、その師に従うことで自分にも正しい教えが伝えられるとするところから師が尊信されるわけで、師の尊信とはいっても、重点はあくまで血脈の相承ということにおかれています。往生が定まるという善知識の力というものも、その力とは善知識に伝えられた教えの力であり、教えが人を介してしか伝えられないがゆえに、それを善知識の力といっているにすぎません。

上人の主張が現代からみると奇異に感じられるのは、主張の根底にある血脈相承の考えがいまの真宗にはなく、血脈相承ということを抜きに上人の主張をみるからであり、奇異とする原因はむしろ現代のとらえ方の側にあります。上人の主張を知識帰命と結びつける意見にしても、結局は血脈相承についての理解を欠いた意見だといえるでしょう。

血脈相承を重んじるのは了源上人の時代の真宗では普通のことであり、血脈相承と善知識のことについても、存覚上人の著作に了源上人と同様の主張がみえています。

惣じて仏法修行の法をみるに、みな師資相承あり、なんぞ浄土の一家にをいて血脈なからんや。なかんづくに弥陀の本願をきくによりてすでに往生の信心をたくはふ、きくことをうるは知識の恩なり、なんぞ知識をあふがらざらん。これをあふがばむしろ血脈なからんや（『破邪顕正抄』）

仏教諸宗にはみな師資相承があるのに、どうして浄土の教えにだけ血脈相承がないことがあろうか。弥陀の本願を聞くのは善知識の恩であり、その善知識を仰がないことなどあるはずもない。善知識を仰ぐのも血脈相承があるからであり、浄土の教えに血脈相承がないはずはない、と説かれています。真宗に血脈相承がないはずがないと明言されていますし、血脈相承との考えから善知識への尊信が説かれていたことも明確にうかがうことができます。存覚上人と了源上人とでは血脈相承のとらえ方に若干の違いはあるのですが、これによっても、了源上人の主張が血脈相承を重んじたもので、知識帰命を説くものでないことは明らかだといえるでしょう。

光明本尊の構成

佛光寺の教化の特徴は、絵系図にみられるように、具体的なかたちを指し示して教えを解りやすく説いたところにありますが、その一環として佛光寺では光明本尊《こうみょうほんぞん》といわれる絵画もさかんに用いられていました。光明本尊そのものは、古い時代の真宗で一般に用いられていたものであり、何も佛光寺だけに限ったものではありませんが、もっともよく用いていたのが佛光寺で、現在、のこされているものも佛光寺系のものが圧倒的に多くのこされています。

光明本尊とは、名号を中心にして、その周りに如来像や、印度、中国、日本の先徳像などを描いたもので、通常は一幅の掛け軸に仕立てられています。描かれている人物が多い分、寸法も大きく、大体、畳一枚ほどの大きさがあります。

光明本尊という名称は、のちの時代に付けられた名称で、当初は単に光明本《こうみょうほん》と呼んでいたようですが、これを光明本と呼んだのは、光明を強調する絵の様相にもとづいたものとみられます。光明本尊の特徴は中心の名号から光明が四方に放たれ、描かれた人物を光明が照らしているというところにありますが、この特徴から光明本の名が付けられていたのでしょう。

真宗で光明本尊が用いられはじめたのは存外に古く、親鸞聖人の在世中にすでにその原型ができあがっていました。現在、のこされている最古の光明本尊は、愛知県の妙源寺《みょうげんじ》という高田派の寺院に伝えられたものですが、この光明本尊には興正寺の第二世とされる真仏上人の筆跡がのこされています。真仏上人は親鸞聖人よりもはやくに没しているので、このことから親鸞聖人の在世中、すでに光明本尊があったことが明らかになっています。妙源寺の光明本尊は、通常の一幅のものとは違い、三幅に分けて描いていますが、全体の構成は通常の光明本尊と同じで、光明本尊の原型か、それに近いものといわれています。

光明本尊がどのような経緯で作成されたのかは判っていませんが、一説によると法然上人の門下で使用された摂取不捨曼荼羅《せっしゅふしゃまんだら》と関係があるといわれます。法然上人の門下で摂取不捨曼荼羅というものが用いられていたことは諸書にみえており、法然上人を糾弾した有名な「興福寺奏状《こうふくじそうじょう》」のなかにも取りあげられています。摂取不捨曼荼羅は、念仏の徒にだけ光明が照らし、聖道門の者には光明が照らさないという絵であったと伝えられていますが、ただ、肝心の絵の実物がのこされておらず、これが本当に光明本尊と関係するものなのかは、はっきりとしていません。

光明本尊の形式については、すべての光明本尊は名号と多数の人物像から成り立っていますが、それにもいくつか種類があって、中心の名号が十字名号のものや九字名号のもの、あるいは六字や八字のものもあります。描かれる人物も光明本尊の一つひとつに違いがあり、多くの人物を描くものや、逆に少しの人物しか描かれていないものもあります。それぞれの制作にあたっては、おおよその構成だけを踏襲して、制作者ごとに工夫を加えたということなのでしょう。

佛光寺で用いられた光明本尊は、おおむね中心の名号が九字名号のもので、それに加えて向かって左に六字名号、右に十字名号を添えるのを基本としています。

絵の方は、三つの名号に挟まれるかたちで向かって左に阿弥陀如来、右に釈迦如来像を描き、左上方には下から印度の龍樹、世親像と勢至菩薩像、続いて中国の曇鸞、道綽、善導像などが描かれ、右上方には下から聖徳太子、源信、源空、親鸞像などが描かれます。光明本尊によっては、このほかにも、真仏、源海、了海、誓海、明光、了源像や、それ以降の制作者の血脈上の師たちを描いたものもあります。

こうしてみてみると、全体の構図としては、あたかも現在の真宗で用いられている各影像類を一幅の掛け軸のなかに納めたかたちとなっています。現在と違っているのは、釈迦如来像を描くことと、中国の先徳像で、光明本尊には通常の曇鸞、道綽、善導像に加え、菩提流支《ぼだいるし》や懐感《えかん》、少康《しょうこう》、法照《ほっしょう》といった先徳の像も描かれています。これらは浄土宗の影響といわれていて、たとえば法然上人ゆかりの京都二尊院が釈迦と阿弥陀の二尊を並べて本尊としているように、浄土宗には釈迦如来像と阿弥陀如来像を並べる形式がみられますし、中国の先徳にしても、それらは法然上人の『選択集』などに中国浄土教の師として名が挙げられる人物です。古い時代の真宗は浄土宗との区別があいまいだったので、こうしたことがあっても特に不思議はありません。

光明本尊と『弁述名体鈔』

佛光寺派の寺院には現在も光明本尊を蔵する寺院が多く、佛光寺では伝統的に光明本尊が重んじられていたことがうかがわれます。この伝統は当初の了源上人にはじまるものであり、光明本尊はまさに了源上人以来の佛光寺の象徴だということができます。のちのちまで佛光寺で光明本尊が重視されていたということを考えても、了源上人の光明本尊に対する思いにはかなり強いものがあったとみられますが、それを端的に示しているのが『弁述名体鈔』という著述の存在です。

『弁述名体鈔』は、光明本尊の解説書とでもいうべき本で、存覚上人によって著されたものですが、存覚上人は了源上人の依頼によりこの本を書いたことが知られています(『浄典目録』)。実際に書いたのが存覚上人であっても、了源上人の思いから生まれたといってよいでしょう。この『弁述名体鈔』は、光明本尊を論じた唯一の著述として、光明本尊を知る上では重要な著述となっています。

『弁述名体鈔』が光明本尊の解説書だとはいっても、光明本尊は親鸞聖人の在世中に成立したものであり、存覚上人が書いた『弁述名体鈔』とでは、成立した時期にいささかの隔たりがあります。もとより光明本尊の方が先に成立しているわけであり、したがって、その解説というものも、すでに成立してひろまっていた光明本尊に対し、存覚上人が注釈を加えたものということになります。

内容の特徴としては、光明本尊には中心に書かれる名号の違いによりいくつかの種類がありますが、『弁述名体鈔』は、そのなかでも九字名号を中心とする光明本尊の解説を行なっているということが大きな特徴となっています。これは存覚上人の意向というよりも、撰述を依頼した了源上人の希望によって、そうなっているのだとみられます。存覚上人が『弁述名体鈔』を書くにあたっては、何よりも光明本尊の実物を参照する必要があったはずであり、当然ながら、その光明本尊は撰述を依頼した了源上人が用意したと考えられます。了源上人がもともと九字名号の光明本尊を用いていて、それを提示したことから、それを参照した『弁述名体鈔』もまた九字名号の光明本尊の解説となったということなのでしょう。その後に作られる佛光寺系の光明本尊も、おおむね九字名号の光明本尊ばかりです。これも了源上人にならったものとみられます。その上で『弁述名体鈔』との整合性ということからも、九字名号の光明本尊が好まれたのだと思います。

『弁述名体鈔』は解説の順序ということにも特徴があり、はじめに光明本尊の発生の事情を説いたあとは、名号、阿弥陀如来像、釈迦如来像と、光明本尊の構図に対応するかたちで解説がすすめられています。最初に述べられる光明本尊の発生の事情は、光明本尊についての総説としてその発生を説いたもので、光明本尊はまちまちに分れていた本尊などを一幅のうちに納める意図のもとに、真宗の覚者によって考え出されたものだと述べられています。

高祖親鸞聖人御在生のとき、末代の門弟等、安置のためにさだめおかるゝ本尊あまたあり、いはゆる六字の名号、不可思議光如来、無碍光仏等なり……このほか、あるひは天竺、晨旦の高祖、あるひは吾朝血脈の先徳等、をのおの真影をあらはされたり。これによりて面々の本尊、一々の真像等を一鋪のうちに図絵して、これを光明本となづく。けだしこれ当流の覚者のなかにたくみいだされたるところなり。

以下、三つの名号、二体の如来像、印度、中国、日本の先徳についての解説がつづき、名号に関してはそのはたらきや意義、先徳に関しては簡単な事績などが説明されていきますが、解説の順序としては光明本尊の構図と完全に合致しています。

『弁述名体鈔』がこうした構成を採っているのは、この本が光明本尊を前に読みあげられることを目的に作成されたものであるからで、絵を順を追って説明するため、こうした構成となっています。いうなれば拝読用の本だったわけですが、これについては、応永二十年（一四一三）ころ、法住《ほうじゅう》という人物が佛光寺に参詣し『弁述名体鈔』が読まれるのを聞いたとの記録ものこされています（『本福寺跡書』）。法住はそれを聞いて、ことのほか尊く思ったと記されていますが、してみると、光明本尊を前にした『弁述名体鈔』の拝読は、教化としても人をひきつけるものだったということができるでしょう。

第六章

女人教化

増えつづける道場

真宗の教えのひろまりとともに、数を増していったのが道場で、ひとつの道場が建立されると、それによりさらに教えがひろまり、そこからまたあらたな道場が開かれていくというふうに、道場の数は教えの伸展にともなって増えつづけていきます。道場には地域の拠点として教えをひろめるとの役割がありますが、それとともに教えの存続ということでも大きな役割を担っています。時を重ねて教えを存続させるためには、どうしても道場のような恒常的な施設が必要となってきます。人から人へと伝えられるという真宗の教えにしても、道場があればこそ、絶えることなく、いまに守られたといえるでしょう。

了源上人も道場の設営には熱心であったようで、上人の在世中、すでにかなりの数の道場が設けられていたことが、上人自身の主張からうかがえます。

コ、ニ了源コノ十余年ヨリコノカタ、カノ明光ノ御余流トシテ、京都トイヒ辺国トイヒ、コノ法ヲヒロメテ道場ヲカマヘ、本尊ヲ安置スルコトソノカスステニオホシ(『一味和合契約状』)

京都と辺国に法をひろめ、道場を構えたといっています。辺国との漠然とした表現がなされていますが、要は、京都と周辺地域ということで、了源上人の門弟の在所は京都のほか、周辺の摂津、河内、大和、近江、丹波などにも及んでいることから、それらを総称して辺国といったものとみられます。その数すでに多し、とされる道場の数がはたしてどれ位であったのかは明確にすることはできませんが、道場といっても、壮麗な荘厳をほどこしたものもあれば、それこそ本尊を安置するだけの簡易なものもあるわけで、そうした簡易な道場を含めると相当数の道場があったことは間違いありません。

こういった道場の増加は、佛光寺のみに限ったことではなく、この時代の真宗の一般的な傾向といえるもので、覚如上人の『改邪鈔』には、それに対する批判もみえています。

遠近ことなれば、来臨の便宜不同ならんとき……あまたところにも道場をかまふ

べし。しからざらんにおいては町のうちさかひのあひだに、面々各々にこれをかまへてなんの要かあらん

通う者の便宜上、いくつかの道場を構えることはやむをえないが、そうではないのに町なかにいくつもの道場を構えて何の必要があろうか、といっています。あわせて覚如上人が批判しているのが道場の寺院化ということで、覚如上人は、親鸞聖人の在世中には寺などなかったといって、それを批判しています。

聖人御在世のむかし……御門弟達、堂舎を営作するひとなかりき……御遺訓にとをざかるひと〴〵の世となりて造寺土木のくはだてにおよぶ

道場の数の増加や規模の拡大は、いうなれば自然な成り行きであって、ことさらに批判されなければならないことであったとも思われませんが、道場の建立に際し、互いに造営を競うような面がみられたことから、こうした批判もなされたものと思います。

道場の建立については、これとは逆の見方もあって、存覚上人の作といわれる『至道鈔』という本には、道場の建立をむしろ積極的にすすめる内容の主張がみられます。

念仏の行者、うちに信心をたくはへて心を浄土の如来にかくといふとも、道場を

かまへて功を安置の本尊につむべし。自行化他の利益これにあるべきなり

自行化他の利益があるものとして道場の建立がすすめられていますが、『至道鈔』には、こうして道場の建立を奨励するにとどまらず、さらに道場のもつ意義についてもくわしい説明が述べられています。これは、道場の増加という傾向のもと、何故に道場を開かなければならないのかと道場建立の意味が問われはじめたため、それへの対応として道場のもつ意義を述べたものと考えられます。『改邪鈔』と『至道鈔』とでは、逆の反応を示していますが、双方ともに、道場の増加という同じ状況を踏まえての発言だといえるでしょう。

この時代の道場は、『改邪鈔』が指摘するように、一部で寺院化もすすみますが、大概は人家と変らぬ小規模なものであり、のちの時代の寺とはかなり様相が違っています。それだけに創設も容易で、増加の傾向にも顕著なものがあったとみられます。小規模だとはいえ、そうした道場によって、真宗の教えは各地に定着していったのです。

女人教化

夫婦は人としてのあるべき姿

存覚上人の書いた著述には、了源上人の希望によって著されたものがいくつかあります。いずれも了源上人が教化をすすめる上で必要としたために撰述を依頼したものであり、それをみることで、上人がどのような教化を行なおうとしていたのかをうかがうことができます。神祇についてのとらえ方を説くものや、真宗の肝要を述べるものなど、著述の内容はさまざまですが、そのなかに『女人往生聞書』と題される女性の信仰を論じた述作があって、上人が女人教化ということを教化上の課題としていたことが知られます。

女性への教化の取りくみは、日本の中世仏教がひとしく推しすすめたもので、いわゆる新仏教の各宗のみならず、旧仏教の諸宗にも共通してみられる動向です。各宗とも、それぞれの教説にそったかたちでの女性の救済を説いたり、宗派の祖師が女性を救ったとの話をあげたりと、一様に女性に対する救済を強調して、女性への教化をくりひろげていきました。法然上人が室《むろ》の遊女を救ったとの話も、そうして喧伝された話です。

大きくみるなら、了源上人が女人教化を課題としたのも、時代の影響によるものといえますが、上人の場合は、上人が属した荒木門徒にもともと女人教化の伝統があったことから、直接にはそれにならったもので、女人教化のあり方についても多分に荒木門徒と共通した部分がみられます。

荒木門徒の女人教化は、普通にいう女人教化とはいささか違った方途がとられていて、夫とともに妻をも教化するというふうに、夫婦の関係を中心に据えて女性への教化を行なっていました。これは了源上人にもみられるところで、絵系図には、筆頭に了源上人とその妻である了明尼公の夫婦の姿が描かれるとともに、以下につづく教えをうけた人びとも大部分は夫婦の姿で描かれています。なかには単身で描かれる人物もいますが、それははじめから結婚していなかった人とみられ、夫婦の姿で描くのが基本的な形式であったことは間違いありません。絵としては夫婦が夫婦をみちびくということを表現しているわけであり、荒木門徒の特徴を伝えたものといえるでしょう。

夫婦の関係は、世俗の社会にあってはもっとも普遍的な関係ですが、もとより出家の立場からは許されるものではなく、男性と女性ということにしても、通常は男女の別を説いて、男性と女性とが混在することをいましめています。仏教の常識からするのなら、夫婦の関係を重視する荒木門徒の教化方法は異例ともいえる方法なのですが、荒木門徒があえて夫婦の関係を重視したのも、親鸞聖人が妻帯したという事実を踏まえてのことで、根底は聖人の行実にもとづいています。

荒木門徒では、親鸞聖人の事績のうちでも、聖人の妻帯ということがもっとも重要なことととらえられていたらしく、荒木門徒が伝えた『親鸞聖人御因縁』という伝承にしても、そこで語られるのは聖人が結婚したという話です。この伝承は玉日伝説のもととなった伝承で、聖人の結婚相手は玉日ということになっていますが、要は聖人と玉日が結婚したとして、聖人の妻帯ということを主題としています。妻帯が聖人の一生の活動を特徴づけるものとしてとらえられていたからこそ、妻帯にまつわる話が語られたのでしょう。

聖人の結婚ということを強調するのは、荒木門徒独自の傾向であって、たとえば覚如上人が著した親鸞伝絵などは、聖人の一生を描いたものにもかかわらず、逆に聖人の妻帯については、一切、触れられていません。一般的には、覚如上人のように、妻帯ということをことさらに強調しないのが普通だったと思います。

荒木門徒が夫婦の関係を重視したのは、聖人の妻帯を踏まえてのことですが、荒木門徒の場合には、聖人の妻帯ということにならいながらも、さらにそれを一歩すすめたところもあって、単に妻帯を肯定するにとどまらず、むしろ夫婦で仏道にはげむことを念仏者としてのあるべき姿だとみていたようにも思われます。妻帯が在家仏教の表象であるならば、まさに徹底した在家主義ということができます。

了源上人の女人教化にしても、基底には在家主義ということがあるわけであり、教化のあり方も、当時、くりひろげられた出家仏教の女人教化とは、おのずと違ったものとなっています。夫婦の関係の重視など、出家の立場からは卑俗なものともとられたでしょうが、世俗とともにある在家仏教の立場からするなら、人間の基本となる関係を認めた極めて人間的なとらえ方だといえるでしょう。

多念の声明　声、仏事をなす

了源上人がのこした述作に、門弟の守るべき掟を一書にまとめた『算頭録《さんずろく》』という書があります。『算頭録』には了源上人の定めた規定が三個条にわたって記されていますが、そのうちの一条は声明についての注意を述べた規定となっています。これは具体的には親鸞聖人の御正忌の際の声明についての注意を述べたもので、正しい声明を習い、みだりに発声することがないよう定められています。

聖人ノ御正忌七日七夜ノ勤行ハ、三部妙典ノ諷誦《ふうじゅ》、論釈ノ偈頌《げじゅ》妙句等引声《いんじょう》墨譜ハ声明ノ達者ニツタヘヲウクヘシ、ミタリニ引声スルコトナカレ……声明音律ニ協《かな》フトキハ、影嚮ノ冥衆モ感応アルヘシ、シカアレハ報恩ノツトメトモナルヘシ

声明が音律にかなう時には報恩の勤めとなると述べられていますが、こうして特に声明についての規定が設けられていたところをみると、了源上人が声明に対し相当に

深い配慮をはらっていたということがうかがわれます。上人には荒木門徒の影響が色濃くみられますから、声明を重んじることも荒木門徒の伝統と考えられますが、美しい声明のひびきには人を信仰にみちびくはたらきがあるものであり、上人はそうした面からも声明に注意を向けていたのだと思います。

元来、日本の浄土教は声明と結びついて発展したものであり、浄土教の盛行には、哀調をおびた念仏の声が情緒的に受けいれられたため、浄土教がひろまったとの側面もありました。中世には声明にすぐれた僧を形容して能声《のうしょう》といいましたが、能声の僧の美声に感じいり、仏道に心をよせたとの話も多く伝えられています。これは法然上人の専修念仏の弘通にもいえることで、法然上人の教えは、教説として受けいれられたというより、むしろ声明化された念仏が好まれ、ひろまったといわれています。法然上人の門下は往生礼讃の文に哀歓にみちた曲をつけ念仏をひろめましたが、よほど甚だしいものがあったらしく、法然上人の門下は仏教を芸能に貶めたとの批判もみられたほどでした(『元亨釈書』)。

声明が浄土宗で盛んであったことからすると、了源上人の用いた声明も浄土宗の声明を取りいれたものと考えられますが、これについては、覚如上人の『改邪鈔』に参考となる記述がみえています。

一念多念の声明あひわかれて、いまにかたのごとく余塵をのこさる。祖師聖人の御ときはさかりに多念声明の法灯、倶阿弥陀仏の余流充満のころにて、御坊中の禅襟《ぜんきん》達も少々これをもてあそばれけり。祖師の御意巧としては……いかやうにふしはかせをさだむべしといふおほせなし

一念の声明と多念の声明が相分かれ、いまもその流派がある。親鸞聖人は念仏に節をつけることはなかったが、聖人の在世中は倶阿（空阿《くうあ》）がはじめた多念の声明が盛んで、聖人の御坊にいた人たちもこれを習うことがあった、といっています。これは京都の人間がわざと坂東声の訛った声で念仏することを批判した編目のなかで述べられたもので、全体としては、節をつけた念仏を往生の真因と思うのは誤りであるし、生来の声をゆがめて念仏をするのも誤りだといったことが述べられています。

ここで覚如上人は節をつけた念仏として、空阿の多念の声明を引き合いに出していますが、この多念の声明について、覚如上人はつづけて「東国より上洛の道俗等、御坊中逗留のほどみゝにふれける歟」と述べ、親鸞聖人の関東の門弟が上洛した際に、聖人の御坊で多念の声明を聞き覚えたのではないかともいっています。多念の声明が

関東へ伝わったといっているわけであり、換言するなら、関東の門弟は多念の声明を用いていたということになります。

多念の声明とは浄土宗の多念義の声明のことで、浄土宗には教学上の問題から一念義と多念義との二つの系統がありましたが、声明の方も二つに分かれていて、一念の声明と多念の声明とがありました。関東の門弟が浄土宗の声明を用いていたのであれば、関東出身の了源上人が用いたのも、やはり浄土宗の声明であり、それも多念の声明だったとみてよいように思います。覚如上人のいうように、空阿の多念の声明は一世を風靡した声明であり、念仏の間に和讃を誦するとの形式にしても、もとはこの空阿が創始したものといわれています（『法然上人行状絵図』）。特定の声明をもたない以上は、すでに確立している声明を借りて用いなければならないわけであり、その際に身近な関係にある浄土宗の声明を取りいれるということは十分にありうることだと思います。

第七章

南朝伝説

後醍醐天皇の伝説

興正寺に伝わる伝説では、興正寺が佛光寺と名を改めたのは後醍醐天皇《ごだいごてんのう》の命によるもので、佛光寺との寺号も後醍醐天皇から賜ったものとされています。この伝説は佛光寺本山においても説かれるものですが、直接、寺号と関わる伝説であるだけに、佛光寺では、興正寺以上にこの伝説が重視されており、ことあるごとにこの伝説が強調されています。

佛光寺との寺号は、実際には存覚上人が名付けたものであって、佛光寺の寺号を後醍醐天皇から賜ったというのは、あくまで伝説に過ぎません。しかし、伝説だとはしても、この伝説には相当に深い意味があるように思われます。いわれ出したのもかなり古いようで、興正寺と佛光寺が分かれる以前にすでに成立していた伝説だと考えられます。

現在の興正寺には、後醍醐天皇との関わりを強調する伝統はありませんが、佛光寺には後醍醐天皇との関係を強調する伝統がのこされています。象徴的なのは後醍醐天皇の天牌《てんぱい》を安置していることで、佛光寺本山の阿弥陀堂にはいまも「後醍醐天皇尊儀」と書かれた天牌が安置され、忌日に合わせた法要も勤められています。このほかにも、佛光寺では後醍醐天皇との関わりを説くことが多く、たとえば、佛光寺に伝わる親鸞伝絵は、佛光寺では後醍醐天皇が宸筆《しんぴつ》をもって詞書《ことばがき》を書いたものとされていますし、佛光寺の伝えるところでは、了源上人は後醍醐天皇から一宗の棟梁との綸旨《りんじ》を与えられた、ともいわれます。

後醍醐天皇は了源上人と同時代の人であり、興正寺が佛光寺と名を改めたのも、ちょうど後醍醐天皇の治世期間にあたっています。伝説の対象として後醍醐天皇が選ばれているのは、時代的にみれば自然なことですが、佛光寺が後醍醐天皇との関わりを説くのは、それ以上の理由があってのことだと思います。

後醍醐天皇は、皇統を二分する、いわゆる南北朝の争いをひき起こした張本人で、自身は南朝の主上となり、北朝との抗争を繰りひろげましたが、最期は失意のうちに吉野の山中に崩じます。その後、南朝は次第に勢力を失っていくこともあって、南朝とつながりのある寺は総じて少なく、後醍醐天皇や南朝との関係を強調するような寺はあまり多くはありません。そうしたなかにあって、唯一、宗派として南朝との関わりがあったことがうかがえるのが時宗です。

時宗が南朝と関係するといっても、そのつながりは南朝が衰えてから結ばれたもので、直接には、南朝の王子が時宗に入り、第十二代の遊行《ゆぎょう》上人となったことに始まります。以後、時宗と南朝の関係は深まっていき、南朝の敗残兵で時衆となるものも多かったといわれています。時宗と南朝との関係はいろいろな事柄からうかがうことができますが、もっともよく両者の関係を示しているのが時宗の用いていた時衆《じしゅう》過去帳の記載です。時衆過去帳は時衆となった人物の名を記したものですが、そこには後醍醐天皇をはじめ南朝方の死者の名も記されています。もとよりそれらの名は時宗と南朝とのつながりが出来てから、時代をさかのぼって書き入れられたものであり、名が記されているからといって、載せられた人物が時衆となっていたというわけではありません。後醍醐天皇の名が記されたのも、後醍醐天皇が崩じてから六十年後のことです。

時宗があえて後醍醐天皇をはじめとする南朝方の人物の名を過去帳に加えたのは、

その人物の菩提を弔うためで、そこには不遇のうちに没していった南朝の死者たちへの鎮魂の意が込められています。当時の考え方では、怨みを含んで死んだものや、非業の死をとげたものは、霊となって災禍をもたらすとされており、ことさら鎮魂につとめなければならないとされていました。後醍醐天皇や南朝の死者などは、その最たるものであり、とくに鎮魂が求められました。時宗の行為は率先してその鎮魂を行なったものといえます。

後醍醐天皇や南朝の人物が鎮魂の対象とされていたことからすると、佛光寺で後醍醐天皇との関係が強調されるのも、後醍醐天皇の追弔をしていたことのなごりであり、もとは佛光寺でも後醍醐天皇の追弔が行なわれていたものと考えられます。それが変化し、後醍醐天皇との関わりを強調する伝説となったということなのでしょう。佛光寺で後醍醐天皇の追弔が行なわれていたことは、末寺の寺伝からもうかがうことができます。後醍醐天皇との関わりを示す末寺の寺伝とはどのようなものなのか、次いでそれをみていかなくてはなりません。

南朝武将の開基伝承

寺院の伝える寺伝や縁起では、往々にして寺の創建を高貴な人物や高僧と結びつけて説いていいます。聖徳太子や弘法大師が庵を結んだといった類いの話で、そうした伝承は、それこそ枚挙にいとまがないほどに伝えられています。真宗の寺院でも、親鸞聖人をはじめ、了源上人や蓮如上人などそれぞれ各派の歴代と結びつけた寺伝が多くみられますが、それとともに真宗では、著名な武将が寺を開いたとか、武将の子孫が僧となり寺に入ったといった伝承も数多く伝えられています。

そのうちもっとも多く名が挙げられるのが『平家物語』に登場する佐々木盛綱《もりつな》、佐々木高綱《たかつな》兄弟で、佐々木兄弟どちらかの子孫と称している真宗寺院は全国に百個寺以上もあります。これには派の違いによる偏りというものがなく、佐々木姓を名乗る寺院は、東西の本願寺派にもあれば、高田派、佛光寺派、そして、興正派にもあって、一様に似通った伝承を伝えています。

同じ伝承を伝える寺が各派にあるということは、その伝承が派の別が確立する以前から存在したということであり、佐々木盛綱、高綱兄弟の伝承が各派にみられるのも、もともと佐々木兄弟を始祖と仰ぐ門徒集団があって、それが各派の別が定まっていく過程で、分裂しながらそれぞれの派に吸収されていったためと思われます。もとより佐々木兄弟を始祖とするといっても、現実にその集団が佐々木兄弟の子孫かどうかということは別の問題で、始祖と仰いでいるからといって、必ずしも血統上のつながりがあるということにはなりません。

著名な人物を共通の始祖として仰ぐことは、武士団や職人集団など、中世社会のいろいろな集団にみられるもので、集団の結合原理としては一般的なものといえます。共通の始祖を仰ぐことによって擬制的な同族関係を結んでいるわけであり、そうすることで集団の結びつきを強めました。佐々木兄弟を始祖とするというのも擬制的な同族関係を結ぶためであって、実際に子孫かどうかは別の問題ということになります。

佐々木兄弟を始祖と仰ぐ集団の例は、門徒集団が擬制的な同族関係を結んでいたことを示すもっとも顕著な例といえますが、これに似た擬制的な関係は興正寺に属する末寺のなかでも結ばれていました。興正寺の末寺のうちに結ばれていた同族関係には大きな特徴があって、始祖として仰がれる人物には、多くの場合、南北朝の争いで南朝方に与した武将が選ばれています。南朝方で一番有名な武将となれば、何といっても楠正成《くすのきまさしげ》ということになりますが、かつて興正寺に属した末寺の寺伝を通覧すると、楠正成の子孫が寺を開いたと伝えている寺院が相当数あり、地域的にも正成の活躍した摂津、河内、和泉をはじめ、少し離れて丹波や但馬にあったりと広範囲に分布しています。このほか楠氏の一族と伝えられる安満了願《あまりょうがん》の子孫と称する寺院も多くみられますし、南朝方の新田義貞《にったよしさだ》の弟、脇屋義助《わきやよしすけ》の子孫が寺に入ったとか、楠氏とともに戦った和泉の和田氏の子孫と伝えている寺院もあります。いずれの武将も『太平記』に活躍が描かれた武将で、興正寺の末寺の寺伝には『太平記』が描く南朝方の人物がほぼ出揃っているような感すらあります。

これらの寺伝の一つひとつは、いかにも寺伝らしい、とりとめのないものですが、しかし、南朝方の武将にまつわる伝えがこれだけ揃うのも不思議な話で、偶然というより、意識的にそうしていったとしか考えられません。興正寺の末寺は、楠氏、安満氏といった個々の同族関係を結ぶとともに、より大きくは南朝方という括りで結びついていたということになります。

佛光寺本山で後醍醐天皇にまつわる伝説が語られるのは、怨みを含んで崩じた後醍醐天皇を追弔していたことのなごりと考えられますが、興正寺の末寺が意識的に南朝方の武将を始祖としていたことも、これと無関係とは思われません。南朝方の武将も全て怨みを含んで死んでいったのであり、そうした人物を始祖と仰ぐのは、それらの人びとに対する追弔の意識があってのこととみられます。合わせ考えるなら、かつてはひろく南朝方の死者たちの追弔が行なわれていたのであって、南朝方の武将の伝えが多いのも、その影響とみることができます。これと同様のことは南朝方の死者の鎮魂を行なっていた時宗においても認められます。江戸時代、関東には時宗に支配された鉦打聖《かねうちひじり》という下級僧侶の集団がいて、門付けを生業としていましたが、かれらもやはり南朝方の末裔だと称していました。鎮魂を行なっていたことが変化し、子孫と称するようになったといわれます。

佛光寺が用いる了源上人の伝記

著名な僧侶が亡くなると、その遺徳を偲ぶため、一期の行状を記した伝記が著されます。親鸞聖人の場合には、いわゆる『御伝鈔』が著され、聖人の一生が跡づけられていますし、法然上人の場合にも、各種の法然伝が著され、その行状が顕彰されています。このほかにも高僧の伝記は数多くのこされていますが、こうした伝記には、描かれる僧侶の偉大さを強調するあまり、小さな事柄をことさらに誇張して述べたり、常識では考えられない奇跡に類した出来事が述べられたりします。ことに、没後、かなりの時間が経過してから著された伝記にそうした傾向が強く、一生の行状よりも、むしろ奇跡譚の方に力点を置いた伝記が著されることもあります。時代が経つに従い、描かれる僧侶の神格化が進むことと、正確な行状が判らなくなることにより、こうしたことが起こります。

了源上人にも『中興了源上人略伝』と題される伝記があり、上人の事績を知る上で基本的な述作として扱われていますが、この伝記にしても、そういった傾向があるといわなくてはなりません。

この『中興了源上人略伝』は、了源上人の子息である唯了《ゆいりょう》上人が著したとされる伝記で、簡略なものながら、了源上人の一生が跡づけられています。唯了上人とは、興正寺でいう源讃《げんさん》上人のことで、興正寺では源讃を法名、唯了を諱《いみな》だとして源讃上人といっていますが、佛光寺では唯了を法名、源讃を諱だとして唯了上人といっています。唯了上人がこの伝記を書いたといわれるのも、理由のあることで、この述作の奥書には、了源上人の五十回忌にあたり起草した旨のことが、唯了との署名とともに書かれています。

至徳二年正月八日先師上人了源之五十回忌ヲ向ヘテ聊カ禿毫ヲ染テ此ヲ記シオハンヌ

佛光寺第十世　　　釈唯了六十四歳謹書

実際、至徳二年（一三八五）は、了源上人の五十回忌にあたっており、唯了上人の年齢も、同年、六十四歳となります。このことから、この伝記を唯了上人の著作と信じる人は多く、とくに佛光寺では唯了上人が書いたことを自明の前提として、この述作を扱っています。しかし、書かれた内容を読むと、この伝記が了源上人の没後、五十年目に著されたものとは、到底、考えられず、どうみても江戸時代の後半期に書かれたものとしか思われません。この述作には、至徳二年に書かれたという原本が伝えられているわけではなく、古い写本ものこされていません。あるのは寛政三年（一七九一）に佛光寺の第二十三世随応《ずいおう》上人が書写したという本で、ここからいっても、この述作を古い時代の成立とみなすことはできないでしょう。成立したのも寛政のころとみてよいように思います。

夫了源上人ハ了海上人ノ三男ニテ、開山聖人ヨリ第七代ノ善知識ナリ、此上人幼年ヨリ聡敏ニマシ〳〵テ、宗門謬解ノ徒、亦他門疑謗ノ輩ヲ化導セムト欲シ給フニヨリ、日夜怠リナク経論釈ヲ学ビ、遂ニ三部経ノ奥旨ニ通ジ、七祖ノ玄意ニ達シ、明光上人ノ後ヲ継給フ

『中興了源上人略伝』は冒頭、了源上人を了海上人の三男だとして、幼少のころより聡明であったといっています。了源上人と了海上人が親子であるはずはありませんが、血統相続が一般化した江戸時代の常識にもとづいて、親子と考えたのでしょう。

唯了上人が作者であるならば、こうしたことは書かれないはずです。

佛光寺の随応上人が書写していることに示されるように、この『中興了源上人略伝』は佛光寺において用いられた了源上人の伝記というべきもので、興正寺ではあまりこの伝記に注目することはありませんでした。江戸時代に興正寺で書かれた興正寺の由緒書をみても、『中興了源上人略伝』の記述が引かれることはほとんどありません。江戸時代には、佛光寺以外にこの伝記はさほど知られていなかったということなのでしょう。

もっとも『中興了源上人略伝』は、興味深い伝承も伝えており、上人が夢で石山寺の観音と対面したなど、興正寺には伝えられていない伝承も載せられています。夢のなか、石山の観音は白髪の翁となり、上人に対し、

於今十劫六八願　和光垂迹濁悪世
契機契経他力法　一称即得無上覚

と、唱えたのだといいます。これは興正寺では語られることのない伝承ですが、佛光寺では重視されている伝承で、佛光寺派では、この文に譜を付して、伽陀として用いています。

第八章

了源上人の示寂

佛光寺の伝承

了源上人は建武三年（一三三六）正月八日に亡くなったと伝えられます。了源上人の示寂については、興正寺ではこの建武三年という年を伝えるだけで、それ以外に特別な伝承は伝えられていません。概して興正寺では、佛光寺と分かれる以前の伝承を伝えることが少なく、伝えていたとしても、後年となって佛光寺に伝えられた伝承をそのまま取り入れたものが多いようにみうけられます。興正寺が佛光寺と分かれた以後、興正寺では、興正寺を再興した蓮教上人を開山と位置づけていたため、結果として、それ以前の伝承が重視されなくなり、そうなったものとみられます。

これに対し、佛光寺では、佛光寺は了源上人以来、連綿として続いているとの意識が強く、興正寺に比べれば、割合に多く古い時代のことを伝えています。了源上人の示寂についても、佛光寺には独自の伝承があり、佛光寺の了源上人伝である『中興了源上人略伝』には、興正寺では伝えられていない上人の示寂についての伝承が載せられています。もとよりそこで語られているのは、あくまで伝承であって、ただちにそれを史実とみることはできませんが、上人の示寂についてはほかに伝えがなく、示寂の様子をうかがうには、その伝承を参考とするしかありません。

それによると、上人は山田八郎という盗賊とその仲間の田中兵衛という者に殺害されたのだといいます。どうして山田八郎らが上人を殺害しなければならなかったのかについては、上人の化導により、念仏の教えが繁栄したため、邪徒がそれを妬み山田八郎に金銭を贈って、上人の殺害を依頼したと説明されています。

勢州鈴鹿郡ノ草庵ニテ、異例ユヘ数月淹留シ給ヒ、夫ヨリ伊賀国綾ノ郡ノ坊舎ニウツリ給ヒテ化導シ給フニ……邪徒念仏宗門ノ繁栄ヲ嫉ミ、亦聖道門ノ衰微ヲ怒リ、上人ヲ害セン事ヲ諮リテ、伊賀国山田ノ庄ニ山田八郎ト云盗賊アリ、是ニ金銭ヲ贈リテ、此事ヲ頼ミケル

山田八郎という名など、いかにも作ったような名ですし、念仏の教えが栄えたから邪徒が殺意を抱くというのも、普通に考えれば、不思議な話ですが、ともかく伝承としては、そのように伝えられています。

文中、上人は伊勢の鈴鹿の草庵に逗留し、その後、伊賀の綾の坊舎に移ったと述べられていますが、殺害された場所も伊賀とされ、上人は伊賀から京へと向かう途中、伊賀の七里峠で襲われたとされています。

十二月上旬上京セントノ給ヒケルヲ、山田八郎伝ヘキ、テ、田中ノ兵衛ト相議シ、七里峠ニテ上人ヲ待ケルト云々、上人カ、ル事トハ知リ給ハズ、十二月八日伊賀国ヲ出タチ、従者ト同ク歩マセ給ヒ、道スガラ一歩一称名シテ峠ニカ、リ給ヒケレバ、賊徒出合テ、アヘナクモ従者ヲ害ス、兵衛ハ上人ニ一刀ヲ刺シテ曰ク、必ズ吾ヲ怨ムコトナカレ、事ヲハカルハ八郎ナリト

七里峠は、伊賀から近江の信楽に抜ける峠で、別名、桜峠ともいいます。その峠で上人を待ち伏せしたとありますが、実際に上人を殺害したのは田中兵衛で、兵衛は上人を刺した際に、事をはかったのは山田八郎であり、自分を怨むことのないようにいったのだといっています。

この兵衛のことばに対し、上人は、自分が死ぬのは過去の業果によるものであるといったとされます。そして、この兵衛に罪がないことを流れる血で書き記したのだといいます。

上人ノタマハク、吾ハ過去ノ業果ニテカク山路ニ死ストイヘドモ、ヤガテ無為ノ浄土ニ往生ス、コレ悲ノ中ノ喜ビナリ、タヾアハレムベキハ、汝カク罪業ヲ犯スニヨリ、未来地獄ニ沈マンコト疑ナシ、速ニ廻心シテ後世ヲ願フベシトノタマヒテ、流ル、血ヲ指ニ点ジテ、袖ニ、吾死スルハ宿業、此モノヲ罪スルコトナカレ、廻心ノ気アリ、ヨク後世ヲ教ベシト書ヲハリ、西ニ向ヒ合掌シ、称名ノ息タヘ給フ

殺害後、田中兵衛は家へと戻り、しばらくの間、家に隠れていましたが、さすがに罪の重さに耐えかねて、事の次第を佛光寺へと知らせることになります。

正月八日当寺ニ来タリテ事ノ由ヲ告、件ノ御袖ヲ出シケレバ一山悲泣スルコト限ナシ

上人の示寂について、『中興了源上人略伝』はこのような伝承を伝えていますが、『中興了源上人略伝』はさらに続けて、上人を火葬したことや墳墓のことについても言及しています。

了源上人の墓

『中興了源上人略伝』は、了源上人は伊賀の七里峠で、田中兵衛という者に殺害されたのだと伝えます。田中兵衛は上人を殺害後、犯した罪のあまりの大きさに事の次第を佛光寺に知らせたとされますが、『中興了源上人略伝』は、それに続け、事件後のこととして、上人を火葬し、墳墓を築いたともいっています。

イソギ事ノヨシヲ志賀、栗太、上野ノ衆ヘモ告シラシメ、七里峠ニイタリ、兵衛ガ告ルゴトク、桜木ノモトノ尊骸、ナホ従者ノ遺骸ヲモ、同国綾ノ郡佐奈具村ノ一宇ニ火葬シ奉リ、了源寺ト改号シテ、墳墓ヲタツ、凡コノ了源上人ノ大悲ノ行事ニヨリテ、他門嫉忌ノ輩モ日々ニ帰入シ、宗門謬解ノ族モ月々ニ廻心ス

志賀、栗太とあるのは近江の地名、上野は伊賀の地名です。その地域の門徒衆に佛光寺から急ぎ上人が殺害されたことを知らせ、それとともに殺害現場である七里峠に

向ったと述べられます。そして、七里峠で上人と従者の遺体をおさめると、綾郡《あやぐん》の佐那具《さなぐ》村の一字で火葬し、墳墓を建てたと記されています。佐那具村の一字は了源寺と改号したともいっています。『中興了源上人略伝』の記述はこれで終わっています。

ここには了源寺との名が現れますが、了源寺は実在する寺で、現に佐那具にあって、佛光寺派に属しています。佐那具は現在の三重県上野市の地名で、いまの上野市佐那具町がその地にあたります。

そして、了源寺には『中興了源上人略伝』のいう通り、実際に了源上人の墳墓とされるものが建てられています。基壇の上に丸い石を二つ重ねたもので、重ねた石の脇には小ぶりな墓碑が置かれています。墓碑には「佛光寺第七代了源上人」と刻まれ、裏には「建武第二乙亥臘月八日」と記されます。佛光寺派ではその墓を上人の墳墓とみたてています。

現在、了源寺にのこされている墓石は、天保六年（一八三五）に修造されたもので、墓石そのものは古いものではありません。天保五年、佛光寺では了源上人の五百回遠忌が営まれたことから、それを記念して、現在の墓石が建てられました。

『中興了源上人略伝』では、了源寺との寺号は上人の火葬後につけられたとされています。そうであるなら了源寺との寺号は南北朝時代からあったことになります。しかし、そうした時代に寺号があったとは、到底、考えられません。これは『中興了源上人略伝』が書かれた段階でこの寺が実際に了源寺と称していたため、その寺号を当初よりあったものとしたまでのことであって、こうした記述があるからといって了源寺の寺号が古くよりあったということにはなりません。『中興了源上人略伝』は了源上人の没後、唯了上人によって書かれたものとされますが、実際には江戸時代の後半期に著されたものです。このことは上人の墳墓についてもいえることで、『中興了源上人略伝』に了源寺に上人の墳墓を築いたと書かれてあっても、それは『中興了源上人略伝』が書かれた段階で了源寺に上人の墓があるとされていたということにしかなりません。

江戸時代、この墓がひろく知られていたことは確かで、了源寺の名もそれとともに知られるところとなっていましたが、そうなったことの背景には了源寺の側がこの墓を喧伝していたとの事実がありました。了源寺がこの墓の喧伝につとめていたことは、いろいろな徴証に照らし明らかで、たとえば了源寺には了源上人の一生を描いた絵伝が伝えられていますが、それなどは上人と寺との関わりの深さを述べるために作られたものということができます。このほか江戸時代に『光山院殿法印大和尚位大僧正一位了源上人伝記』なる上人の伝記が流布しましたが、その本も内容は上人が了源寺にとどまって教化を行なったことと、没後、了源寺に墳墓が築かれたことを強調するものとなっています。墓の喧伝のために書かれものといえるでしょう。

こうした動向からするなら、上人の墓が存在するというそのこと自体、了源寺の側から主張され出したもののようにも思われてきます。了源寺の墓が、はたしていつからあるものであり、そして、それが本当に上人の墓なのかは、いまとなっては確かめようがありませんが、この墓はかつて一度だけ、そのなかが改められたことがありました。天保六年、現在の墓石が建てられる際に改められたもので、その時の記録がのこされています。それによれば、掘りかえすと、そこには遺骨などなく、ただ泥土があるのみだったといわれます(「御霊廟銅板写」)。

七里峠と上人の骨

『中興了源上人略伝』は、了源上人の死について、上人は賊徒に襲われ没したのだと伝えています。上人が賊徒によって殺害されたとの伝承は、江戸時代の前半にはすでにあった伝承で、『中興了源上人略伝』の記述もそれにもとづいて書かれたものとみられます。

上人の示寂をめぐる所伝は、唯一、この殺害されたとの伝えがあるのみです。ほかの所伝がないことからすれば、殺害されたとする伝承は真実を伝えるものなのでしょう。もとより殺害されたといっても、その際に『中興了源上人略伝』が伝えるような経緯があったとは思われません。上人を殺害したのは田中兵衛という者であったとか、兵衛は山田八郎という者に命令されたといった話は後世の創作にすぎず、そのまま受けいれられるものではありません。信じられるのは七里峠で殺されたということだけだと思います。

七里峠は、その後、次第に交通の要衝としての性格を失っていきますが、かつては伊賀と近江を結ぶ重要な交通路で、人びとの往来も盛んでした。それだけに通行人を襲う賊徒も多かったはずで、上人もそうした賊徒に襲われ命を落としたということなのでしょう。上人が殺害された理由については、南北朝の争いに関係しているといわれたり、あるいは旧仏教の勢力に襲われたといわれたりしますが、どちらの説も、とても信じられるものではありません。背後関係などはなく、たまたま事件に巻き込まれたということなのだと思います。

上人の襲われた七里峠には、江戸時代、佛光寺によって石碑が建てられ、いまもその石碑がのこされています。石碑には「佛光寺第七代了源上人御遷化之地」と刻まれていますが、この碑が建てられる以前にも別の石碑があったらしく、七里峠には、相当はやくから石碑が建てられていたものとみられます。かつては七里峠の石碑に参る人も多く、その際、参詣者は石碑に対して小石を供えるのが習いだったといわれます。

七里峠は、現在、もっぱら別名の桜峠の名で呼ばれていますが、これについて佛光寺では、上人の死と桜とを関連づけ、上人の遺体が桜のもとでみつかったから桜峠となったとか、没後に桜を植えたから桜峠となったのだといっています。佐那具町の了源寺にしても、この伝承から山号を寒桜山としています。しかし、これはどう考えても俗解で、むしろ先にあったのは桜峠の名の方だと思います。桜峠の場合、漢字の桜の字が用いられていますが、これは宛字にすぎず、音のさくらに意味があります。さくらのさは接頭語、くらは谷、崖を表す古語です。くら、つまりは谷を越えるのが峠ですから、さくら峠の名は全国いたるところにある名であって、たとえば奈良県にはおよそ二十もの、さくら峠があるといわれます。七里峠の別名桜峠にしろ、もともとあった名とみるべきで、それが上人の死に由来するなど、到底、考えられないことです。

佛光寺の伝えでもう一つ疑問がのこるのが、上人の忌日についての伝えで、上人が没したのは建武三年（一三三六）正月八日であるのにもかかわらず、佛光寺では上人は前年の十二月八日に没したとし、正月八日は佛光寺に上人の死の知らせが届いた日だとします。これは『中興了源上人略伝』にそう書いてあることから、それにならって十二月八日を本当の忌日としているものとみられます。しかし、『中興了源上人略伝』は江戸時代の伝承をまとめたものであって、その記述をそのまま信じることはできません。了源寺にある上人の墓碑にも「臘月《ろうげつ》八日」とあって、臘月、すなわち十二月八日を上人の忌日としていますが、十二月八日を忌日とするのは江戸時代の記録に限って出てくるもので、それ以前の記録はみな上人の忌日を正月八日としています。十二月八日とするのは江戸時代に発生した訛伝であるにすぎません。『中興了源上人略伝』にしても、上人の死を佛光寺に知らせた日としながらも、正月八日の日付はちゃんと挙げられています。十二月八日を忌日としつつも、一方で正月八日を忌日とする説を完全に否定できなかったことを示しています。

上人は建武三年正月八日に亡くなります。その時、上人は五十二歳でした。没後、八年目には上人の木像が造られており、いまも佛光寺にその木像が伝えられています。木像は寄木造になっていて、胎内に、頭部だけの小さな上人像と古びた布切れ、そして、髪と骨とが納められていることが確認されています。骨は紙に包まれて胎内に納められており、疑いもなく上人の遺骨です。遺骨は白色ではなく、灰白色をしているのだといいます。

第九章

門弟たち

源鸞上人　裳無衣と黒袈裟

了源上人が亡くなったあと、佛光寺は源鸞上人が引き継ぎます。源鸞上人は了源上人の長子で、興正寺の歴代としては、第八世にあたっています。上人の諱は専性といい、のちには了英と称したとも伝えられます。佛光寺を継いだ時、上人はわずかに十八歳でした。

佛光寺の伝えでは、上人が得度したのは十三歳の時で、天台宗の妙法院門跡で得度したといわれます。戒師は後醍醐天皇の皇子である尊澄《そんちょう》法親王だったとされています。上人が本当に妙法院で得度したのかは疑問ののこるところで、後醍醐天皇の皇子が戒師であったとすることなど、いかにも作為的なものを感じます。佛光寺では何かにつけ後醍醐天皇との関わりを強調する傾向がありますから、この伝えにしても、そうした傾向のなかいわれ出したものと思います。妙法院ということにしても、のち佛光寺の住持は、代々、妙法院で得度したことから、それを源鸞上人にも当てはめたとみるべきで、佛光寺と妙法院とが深く関わっているとはいえ、源鸞上人の時代から佛光寺の住持が妙法院で得度していたとは思えません。

上人が継いだ際の佛光寺の様子を詳しく知ることはできませんが、佛光寺は了源上人が一代で築き上げたものであるだけに、了源上人が亡くなったことからくる影響には大きなものがあったとみられます。その最たるものは本願寺の覚如上人による佛光寺批判で、覚如上人の佛光寺批判は了源上人の没後となって、より過激なものとなっていきます。了源上人の死がもたらした混乱に乗じて、佛光寺を批判し、本願寺の優位性を主張しようとしたもので、ほとんどこじつけのような批判がくり返されています。

了源上人の没後八年目にあたる康永三年（一三四四）には、覚如上人は関東の真宗門徒たちに対し、佛光寺へ立ち寄ることを禁じるとともに、佛光寺に対する六箇条からなる批判をかかげますが、そのなかには源鸞上人の名に対する批判すら挙げられています。

一、祖師御名字之字不可付之事（「二十四輩名位」）

源鸞上人の鸞の字が親鸞聖人の鸞をとったもので、それが不敬だと批判したものです。覚如上人は親鸞聖人をいうなれば本願寺の独占物としようとの思惑をもっていましたから、覚如上人にするなら、佛光寺の住持が聖人の名字を用いることなど許されないことと受けとめられたのでしょう。

このほか覚如上人の批判は名帳や絵系図などにも向けられますが、それとならんで裳無衣《もなしごろも》と黒袈裟を着用することに対する批判も挙げられています。

一、裳無衣黒袈裟不可用之事

裳無衣とは、衣の裾の裳の部分を略した丈の短い衣のことで、黒袈裟は黒色に染めた袈裟のことです。覚如上人がなぜ裳無衣と黒袈裟を用いることを批判するのかは、この記述だけでははっきりとしませんが、覚如上人は『改邪鈔』でも裳無衣と黒袈裟の着用を批判していて、そこにその理由が述べられています。

世法を放呵するすがたとおぼしくて裳無衣を著し黒袈裟をもちゐる歟……当世都鄙に流布して遁世者と号するは、多分一遍房、他阿弥陀仏等の門人をいふ歟、かのともがらはむねと後世者気色をさきとし仏法者とみへて威儀をひとすがたあらはさんとさだめ振舞歟、わが大師聖人の御意はかれにうしろあはせなり裳無衣と黒袈裟は、世を捨て、仏法ばかりに専念する姿を誇示するために着用するものである。親鸞聖人は世を捨てたところに仏法を求めたのではない。いま世間に流布する一遍、他阿の時衆はわざと世を捨てた仏法者の振る舞いをしていて、聖人とは全く逆である、といっています。覚如上人は時衆と真宗の精神のあり方の違いを批判しているわけで、そこから派生して、時衆の用いた裳無衣と黒袈裟を着用することを批判したものといえます。覚如上人のいうように、裳無衣と黒袈裟はもっぱら時衆が用いたものでした。

ここからすると、佛光寺には時衆の影響を受けて、裳無衣や黒袈裟を用いる者がいたということになります。現在のこされている光明本尊の絵像や了源上人の木像などから判断して、佛光寺が一寺をあげて裳無衣と黒袈裟を用いていたとは、到底、考えられませんが、なかにはそうした者もいたということなのでしょう。もとよりそうした者がいたところで何の不思議もなく、そのことを指して聖人に背くものと批判するのでは、些事をあげつらったあまりに大げさな批判といわざるをえないでしょう。

了明尼公　了源之坊守

興正寺では歴代の第九世を了明尼公としています。了明尼公は了源上人の妻であり、興正寺の第八世とされる源鸞上人の母にあたる人物です。子息に遅れ、母親が次の代を継いでいることにはいささか奇異な感じを受けますが、これについては源鸞上人がわずかに二十九歳で没したことから、母である尼公が寺を継いだのだと説明されています。

いまでこそ了明尼公は歴代の第九世に数えられていますが、これは明治時代になってから歴代に入れられたもので、江戸時代の興正寺では尼公を歴代には入れていませんでした。歴代というと、厳格に固定したものとの印象を受けますが、興正寺の歴代はのちの時代に時間をさかのぼって決められたもので、多分に便宜的に決められたとの面が含まれています。このことは佛光寺本山においてもいえることで、江戸時代の佛光寺では通常は尼公を歴代に加えていましたが、その一方で尼公を入れずに歴代を数えることもありました。

歴代に入れる、入れないはのちの時代の問題であり、それは尼公にとってはあずかり知らぬ問題です。入れようと、入れまいと、尼公は確かに実在したのであり、その足跡にもまた大きなものがありました。

尼公が了源上人と結婚したのは、文保元年（一三一七）のことと伝えられます。これは了源上人が興正寺建立の勧進をはじめた年の三年前にあたっています。了源上人の死まで、上人と尼公が夫婦であった期間は二十年ということになります。

尼公が尼となった時期については、江戸時代には一般に尼公は了源上人の没後に尼となったと説かれていました。「及了源示寂、薙染称了明」、了源上人の示寂に及んで、髪を剃り、衣を染めて、了明と称したといっています（『渋谷歴世略伝』）。夫の没後、妻が尼となるというのは慣習としては一般的なもので、世俗の社会にあってもひろくみられた行為です。その場合には、尼といっても、完全に尼となるのではなく、髪型を尼削《あまそ》ぎといわれる髪型とし、あとは世俗の生活を送るという、いわば簡略なかたちの尼となるのが普通でした。尼削ぎは、髪を肩のところで切りそろえた髪型で、この髪型をすることが尼の標示となりました。

江戸時代、尼公が了源上人の没後に尼となったと考えられたのは、こうした一般の慣習を踏まえてのこととみられますが、これはどう考えてもおかしな説明です。絵系図や光明本尊には尼公は了源上人の横に尼の姿で描かれており、そこからいっても尼公が了源上人の在世中から尼となっていたのは間違いありません。尼公が「了源之坊守」といわれたように、尼公は坊守なのであり、当然、了源上人の在世中から坊守としての活動をしていたとみられます(「西坊代々過去帳」)。

坊守はいまでは寺院の婦人の意味となっていますが、坊守との語には、本来、女の坊主との意味が込められていたと考えられます。尼公も女の坊主として、坊主と伍して教化を行なっていたということなのでしょう。

坊守の役割については判然としない部分ものこりますが、坊守の役割に女性への教化ということがあったのは疑いありません。了源上人は「同一念仏ノ行者、男女ノ席ヲワカチテ、ミタリニ混乱スヘカラス」といっています(『算頭録』)。男女の席を分けるようにとの取り決めですが、こうした取り決めからするなら、法座にしても、男性のみの法座、女性のみの法座というものがあったのだとみられます。そして、その女性のみの法座を取り仕切ったのが坊守で、それが坊守の重要な任務だったのではないかと思います。

坊守である了明尼公が佛光寺にのこした足跡には大きなものがあって、たとえばのちの文明十二年（一四八〇）正月二十三日、佛光寺山内の西坊性宗という僧は自身にとって重要な文書を認めていますが、この正月二十三日は尼公の忌日であり、性宗はわざわざ尼公の忌日を選んで文書を書いています。その文書には尼公の忌日に斎が行なわれるとも書かれており、佛光寺にとって尼公の忌日が重要な日として捉えられていたことが知られます。尼公に大きな活躍があったからこそ、その忌日も重視されたのでしょう。

了明尼公が坊守として活躍しえたのは、佛光寺が夫婦の関係を肯定し、夫婦で坊主と坊守となるという徹底した在家主義を貫いていたからであり、尼公の活躍も背景に在家主義があったからこそ可能だったということができるでしょう。

了明尼公と悪僧

了明尼公は、その時代としては長命で、八十三歳の長寿をたもっています。尼公が佛光寺を引き継いだのは、長子の源鸞上人の没後のこととされますが、そうであるなら、それは尼公の五十四歳のことになります。以後、八年間、尼公は六十一歳の時まで佛光寺の住持をつとめたといわれています。

この八年間というのは、伝えとして、一応、そう伝えられているということであって、もとより正確なものということはできません。尼公については判らないことが多く、生没の年を除いて、正確な事柄はほとんど知られていません。尼公が八年間、佛光寺の住持をつとめたというのは、江戸時代の佛光寺でいわれ出したものですが、佛光寺にしても、正確な記録にもとづくというより、前後のながれから考えて、一応、八年間と判断したというのが実情だと思います。

正確な事柄は判らないものの、尼公についての伝承はいくつか伝えられます。そのなかで強調されるのは、尼公は源鸞上人を助けることが多かったということです。源鸞上人が十八歳で佛光寺を継いでいることからすれば、当然、ありうることで、実際に源鸞上人と了明尼公とは、尼公が上人を補佐するという関係にあったのだとみられます。歴代としては源鸞上人が第八世、了明尼公が第九世と分かれていますが、上人と尼公の関係は画然と分けられるものではなく、上人の在世中は、尼公はいわば後見役をつとめ、源鸞上人の亡きあとは、自らが表舞台に立ったというのが実際のところなのだと思います。

尼公の代の佛光寺が対外的にも大きな発展をみせていたことは疑いのないところで、このころから真宗の記録以外にも佛光寺の名が現れるようになってきます。その最初は京都の祇園社の記録で、佛光寺が比叡山の弾圧の対象となったとして、佛光寺の名が出てきます。

未刻就下北小路白川佛光寺破却事、寺家公人十余人……下洛、即可召具犬神人之由申間、以寄方催促、仍廿人許罷出之間、山門公人犬神人等、山徒曼殊院同宿大進注記、自元住彼寺、問答云、当寺事先年山門就有其沙汰、歎申間、東西両搭学頭出連判免状了、而俄今度無左右及破却沙汰之条、不可然、此趣於山上可有其沙汰、先可罷帰之由候間、山門公人等、不遂其節退散候間、当社公人並犬神人等、同罷帰了(『祇園執行日記』)

これは祇園社で執行《しぎょう》という役職をつとめていた者が記した日記で、正平七年(一三五二)閏二月十五日条にこの記事がみられます。尼公の五十九歳の時にあたっています。いわれているのは、比叡山で佛光寺を破却するとの決議がなされ、山門の使いの者十数人と、祇園社の配下の者二十人ほどが佛光寺に押しかけた、ということです。つづけて、その時、佛光寺には曼殊院同宿大進注記《だいしんちゅうき》なる者が住んでいて、その者が、佛光寺を破却するといっても、この寺は先年、比叡山の許しを得ており、比叡山の東塔、西塔の学頭たちが書いた免状も与えられている、それなのにどうしてこのような振る舞いをするのか、まずは比叡山に帰って事実を確かめてほしい、といったと書かれています。そして、この大進注記の弁明をうけて、比叡山、祇園社の者たちは帰っていった、と結ばれています。

ここに記されているように、この時の佛光寺の破却の問題は、大進注記なる者の活躍により、一旦はおさまります。しかし、この問題は尾を引き、比叡山の圧迫はその後もつづくことになります。そして、そのたびごとに比叡山との交渉にあたったのが、佛光寺に住んでいたという大進注記という人物でした。この人物がいかなる者であったのかは、詳細には知りえませんが、一連の行動からみて、この人物は悪僧といわれる者なのではないかと思われます。悪僧とは、僧の名をもちながらも、所領を支配したり、経済活動を行なう者のことで、時には武力を用いたり、他人の訴訟に介入することもありました。当時、こうした悪僧といわれる者が多数いたことが知られていますが、加えて悪僧には注（註）記と称する者が多かったことも知られています。

悪僧は一面では批判の対象とされていましたが、反面、弁が立ち、諸般の能力や、経済力をもつということでは、かれらはいわば実力者でもありました。佛光寺の危機を救ったのも、悪僧、大進注記の弁舌です。尼公の時代、佛光寺がそうした悪僧をも抱えこんでいたとなると、社会的活動や、経済活動を含め、尼公の代の佛光寺の発展には、相当、大きなものがあったということになります。

源讃上人

御影堂はあったのか

了明尼公のあとをうけ佛光寺を引き継いだのは源讃上人です。上人は了源上人と了明尼公の第二子で、源鸞上人の弟にあたります。興正寺では上人を源讃上人といっていますが、佛光寺では唯了上人といっています。上人が佛光寺を継いだのは文和三年（一三五四）のこととされていますが、そうであるなら、それは上人の三十三歳のことになります。

佛光寺の存在は、了明尼公の代のころから対外的にも大きく知られるようになり、真宗以外の記録にもその名が現れるようになってきますが、上人の代に成立したものとしては、『法水分流記』という本に佛光寺のことが触れられています。『法水分流記』は法然上人の門下の諸系統を系図としてまとめたもので、法然門下の系図としてはもっとも古いものといわれます。作者は西山深草流の静見という人で、永和四年

（一三七八）の成立です。この『法水分流記』は法然上人の門下を、一念義、多念義などと分けるとともに、白川門徒、嵯峨門徒などと、後世の系図にはみられない、地名を付した流派の分類も行なっています。親鸞聖人の流派については大谷門徒と名づけられており、一向宗と号すると記されています。大谷門徒としては三つの系統があげられていて、本願寺、錦織寺、そして、佛光寺の法脈が示されています。

源讃上人の事績も、了明尼公の場合と同様に、伝承として伝えられるだけですが、上人については、きわめて特異な伝承が伝えられています。それは上人が御影堂を建てたというものです。御影堂は延文五年（一三六〇）に建てられたのだといいます。

開山聖人於山科建立已来、本尊与開山聖人木像一堂安置、於是延文年中、別新建立開山御影堂、同五年成就、三月落慶法事有之

これは『佛光寺法脈相承略系譜』という記録にみられるもので、本尊と親鸞聖人の御影を一堂に安置してきたが、別に御影堂を建て、延文五年に完成した、といっています。このことが事実であれば、真宗で阿弥陀堂と御影堂の両堂を最初に構えたのは佛光寺であり、両堂を並べるという形式も佛光寺がはじめたものということになります。本願寺が両堂を構えたのは蓮如上人の父である存如上人の時代といわれています。

存如上人は源讃上人より、数十年ものちの人です。
問題はこれが事実なのかどうかということですが、これを事実と認めるのはかなり難しいことのように思います。上人が御影堂を建てたということは、唯一、『佛光寺法脈相承略系譜』だけが伝えるものですが、この本が著されたのは、御影堂が完成したという年より四百年もたった寛政四年（一七九二）のことです。その間の記録に、源讃上人の代に御影堂があったことを示す記述は、一切、ありません。佛光寺本山には親鸞聖人の古い御影が蔵されることから、御影がある以上、御影堂もあったのではないか、との意見も出されていますが、御影があるからといって、それだけでは御影堂があったことの証しにはなりません。

阿弥陀堂と御影堂の両堂が並ぶという形式は、現在、真宗各本山がひとしくその形式を用いているため、あたかもそれが真宗にとって本来的な形式であるかのような錯覚をいだきますが、この形式は歴史的な変遷をへて定まっていったものであり、真宗の教えのなかに本然としてそなわっているというようなものではありません。この形式を最初に採用したのはやはり本願寺で、本願寺にはそうすることの必要性がありました。

本願寺は親鸞聖人の廟堂としてはじまります。安置されているのは聖人の御影であり、したがってその建物も御影堂ということになります。本願寺ではこの御影堂の寺院化をはかりますが、寺院となる上では必然的に本尊の問題が生じます。本願寺では御影堂に阿弥陀如来像を安置し、御影をかたわらに置いたりもしましたが、これに対しては関東の門弟から反発が起きました（「専修寺文書」）。本願寺はあくまで廟堂でなければならない、というのが門弟たちの主張だといえます。廟堂か、寺か、この双方に同時にかなうのが、両堂の形式でした。

佛光寺は当初から阿弥陀如来像を安置する寺なのであり、あえて御影堂を建立する必要などなかったのではないかと思います。両堂があるから格が上だとかいうのは後世にできた常識にすぎず、両堂の有無がはじめから寺の格式を決めるものであったとは思えません。本願寺にしろ、必要性があって両堂を構えただけのことです。源讃上人の時代には、御影堂などなかったとみるべきでしょう。

門弟たち　当寺ハ御住持ト寺僧ト相持ナル

佛光寺について述べたもののなかには、佛光寺には知識帰命の傾向があり、佛光寺の坊主たちは人間の格を越え、仏と同格に扱われていたとの意見を述べたものもみられます。佛光寺の教えがいかに誤っていたのかを説くための意見なのでしょうが、意見であるにしろ、あまりに勝手な意見です。佛光寺については、中世の後期から史料も多くなり、はっきりとその様子が判るようになってきますが、そこでは、当然、坊主は人間として扱われています。坊主が仏と同格であるのなら、いつの時代、坊主は人間に戻るのか、坊主が仏であったというのであれば、まずはそれが示されなければなりません。ところが、こうした意見を述べる場合には、坊主が仏と同格であったというだけで、肝心の人間に戻る時期については、一切、触れられません。

見方をかえれば、それも当然のことで、戻るも何も、坊主は最初から人間なのであり、触れようにも触れられないというのが実情なのだと思います。こうした意見はきわめて安易な意見というべきで、仏と人間を同格などと想定すること自体、仏教の基本知識すら欠いた発想だといわなくてはなりません。

佛光寺の坊主たちは了源上人の時代から存在しますが、もとよりそれは人間として存在していますこれは佛光寺の教化のあり方からいっても当然のことで、佛光寺は在家主義に徹し、庶民を対象とする教化をすすめましたから、いきおい坊主たちもより人間的な振る舞いをしなければならなかったものと思います。仏どころか、逆に人間的であったというべきしょう。

佛光寺の坊主の数は時代とともに増加していきますが、これら坊主たちと佛光寺との関係には、佛光寺ならではの大きな特色がみられます。それは本寺である佛光寺に対し、坊主の自立性が高いということで、佛光寺ならではの特色といえます。換言すれば、佛光寺住持の位置は相対的に低いということになりますが、それは確かなことで、本願寺住持と末寺の坊主の関係を主従の関係とするなら、佛光寺住持と坊主の関係は協力関係とでもいうべき関係にあります。

これは近世になると、より鮮明になってくることで、江戸時代、佛光寺は住持の意のままにはならない、いうなれば共同で運営される寺となっていました。住持が力を一身に集めていた本願寺などとは、寺のしくみが大きく違っています。江戸時代、佛光寺で力をもったのは六坊と総称される六つの坊で、佛光寺では、何ごとであれ、この六坊の住持と佛光寺住持の合意の上で決定される取り決めとなっていました。この六坊はいまも佛光寺本山の門前に並んでおり、現在はそれぞれが院号を称することから六院といわれています。

江戸時代の佛光寺の共同運営は徹底しており、たとえば地震で壊滅的な被害を受けた際にも、再建にあたっては、一つの建物は佛光寺住持が勧進を行なって再建をし、別の建物は六坊が勧進を行なって再建をすすめるというふうに、受けもちを分けて工事を行なっています。何から何までもが分割されているわけで、こうした共同運営を佛光寺では相持《あいもち》といっていました。

当寺ハ御住持ト寺僧ト相持ナルニ依テ御住持之御心ノ侭ニモナラス、亦寺僧心之侭ニモナラス

これは『佛光寺先規作法之記録』と題する記録にみられるもので、何であれ住持の意のままにならないし、寺僧である六坊の意のままにもならない、といっています。

要は、共同で運営されるということです。

六坊がこれほどまで力をもちえたことについては、この六坊は興正寺と佛光寺が分かれた時、佛光寺にとどまった寺で、その際に佛光寺のため尽力したから大きな権限をもつようになったといわれます。ならばこうした体制が採られたのは興正寺の分立後のこととなりますが、この体制はすでにそれ以前から採られていたことが確認できます。興正寺分立以後というよりも、佛光寺の本来的な体制だったとみるべきでしょう。

それを象徴的に示すのが光明本尊の絵で、光明本尊には了源上人と了明尼公以外、基本的にそれにつづく佛光寺の歴代の姿が描かれることはありません。了源上人以降、佛光寺の世代がかなりすすんだ時期にできたものでも、そこに佛光寺住持は描かれません。描かれるのは了源上人から光明本尊の制作者にいたる法脈の師たちで、制作者にとっては佛光寺の住持の世代よりも、法脈の師の方が重視されていたことを示しています。佛光寺の世代が何に増しても優先されたのではないのであり、こうした意識が共同運営のかたちを招いたといえるでしょう。

佛光寺六坊

江戸時代の佛光寺は共同で運営される寺となっていました。佛光寺山内に大きな力をもったのは六坊の住持たちで、何であれ、山内のことは、この六坊の住持たちと佛光寺住持との協議の上で決められました。佛光寺のことは、たとえ佛光寺の住持であっても、独断では決められないわけであり、まさに共同で運営される寺だということができます。

ここにいう六坊とは、南坊、新坊、西坊、中坊、奥坊、角坊のことで、現在はそれぞれ院号を称し、順に、大善院、光薗院、長性院、久遠院、教音院、昌蔵院といっています。六坊が力をもつに至ったのには、さまざまな要因がありますが、その一つとして、佛光寺における特殊な本末関係が挙げられます。佛光寺では、本山の直接の末寺である、いわゆる直末の寺が少なく、多くの寺は、六坊を上寺とし、直接には六坊の末寺となっていました。そして、この六坊が佛光寺本山の直末かというと、その関係は単に直末の関係ともいい切れない関係にありました。一般に六坊と佛光寺本山との関係は与力関係であったといわれています。与力関係とは、主従の関係ではなく、協力関係のことです。六坊はそれぞれに末寺をかかえながら本山に協力しているのであり、そうした特殊な関係から、六坊は山内に大きな力をもつことになりました。

六坊同士の関係としては、六坊はつねに協調しあって、同一の行動をとらなければならないと取り決められていました。六坊と佛光寺本山が協力関係にあるとはいっても、六坊のなかの一つの坊と本山とでは、さすがに格差がありすぎることから、本山との協力関係をたもつためにも、六坊は六坊同士で結合し、互いに協調する必要がありました。

六坊同士、もしくは六坊と本山との間で、特に注意が払われたのは門末の問題で、六坊が互いに門末を取り合うことも、本山が六坊の門末を直末に引き上げることも厳しくいましめられています。六坊の門末は六坊の門末、本山の門末は本山の門末と、厳格に分けられていたことになります。佛光寺は六坊の門末と本山の門末との結合で成り立っていたといえるでしょう。

佛光寺の住持と六坊の住持が、主従関係ではなく、協力関係であったことは、六坊の住持が佛光寺の住持と同様の振る舞いをしていたことからもうかがえます。六坊の住持は、自分の門末に対しては、いわゆるお剃刀《かみそり》をして、法名を与えていましたし、末寺の法要に出向いた際には内陣の向畳《むこうじょう》に着座することもありました。

六坊の住持の役割でもっとも重要なのは本山の勤行に出仕することで、日々の勤行を行なうことが六坊のつとめとなっていました。出仕はかれらの義務といえますが、それはまたかれらの権利でもありました。六坊住持の出仕は誰もそれをさし止めることはできず、たとえ佛光寺の住持であっても、とどめることはできませんでした。実際に六坊の住持の一人と佛光寺の住持が不和になった時にも、六坊の住持は佛光寺の住持との個人的な交渉は断っても、出仕だけは続けていました。佛光寺住持とはいえ、六坊の出仕はとどめられなかったことを示しています。協力関係という本山と六坊の関係からいっても、これは当然のことで、六坊の住持は佛光寺住持を介さずに、直接、佛光寺の本尊と御影に仕えているわけであり、本山と六坊が主従関係にない以上、佛光寺住持が六坊の出仕をとどめられるわけはありません。出仕は六坊の権利なのであり、出仕を続け、佛光寺住持と同様に、直接、本尊と御影に仕えることが、かれらの権威の源泉となりました。

佛光寺本山と六坊の関係は六坊の伝える由緒にも反映しています。六坊の伝える由緒では、坊の開基について、親鸞聖人の弟子が開基だとか、高田の顕智の弟子が開基だといっています。由緒のなか、了源上人の弟子が開基だといっていないところが肝要で、了源上人の弟子が開基だとなると、それはその坊が佛光寺の直末であることの証しとなってしまいます。本山との協力関係をたもつ上からも、了源上人以前から坊があったということを主張しなければなりませんでした。

伝えられる由緒はどうであれ、現実には、六坊が了源上人の門弟か、はやい時期の佛光寺の門弟によって開かれたことは疑いありません。六坊の体制がいつ始まったのかは判然としませんが、相当、はやくから確立していたことは確かです。後年、興正寺の末寺となる寺でも、もともとの六坊だったといっている寺があります。興正寺の分立以前から六坊の体制はあったということになります。

あとがき

平成十四年の二月から、真宗興正派の機関誌である『宗報』に連載をはじめました。興正寺の歴史を簡略に述べることを目的とした連載です。連載の題名は「興正寺史話」としました。形式として、連載の一回分を一つのまとまった話とし、それを重ねることで、全体像を示すとの形式をとったことから、「興正寺史話」との題名をつけました。

本書『了源上人――その史実と伝承』は、そのうちの了源上人について述べた部分をまとめたものです。「興正寺史話」は、興正寺の歴史を述べることを目指したもので、特に了源上人のみを扱ったものではありませんが、上人は興正寺を開いた人であり、とかく誤解も多いことから、上人については、割合に多くの紙幅を費やしています。それを一冊にまとめました。

本書のもととなる「興正寺史話」は、掲載されたのが興正派の『宗報』であることから、読者は興正派派内の人間に限られています。書く上でも、読むのは興正寺関係者という前提のもとに書きすすめました。したがって、派内の人なら知っていると判断したことは、それを省略して話をすすめています。そのため派外の人には、あるいは解りにくいところがあるかもしれません。

「興正寺史話」はあくまで興正寺関係者のための読み物として書いたものであり、本来の役割からすれば、派内関係者の目に触れる『宗報』に掲載されたことで、すでに役割はおわっています。しかし、せっかく書いたものでもあり、このままにしておくのも惜しいとの思いも、一方にはありました。そうした折に、出版の話がありました。「興正寺史話」に、まだ役割がのこされていたものと、嬉しく思いました。時期的にも、ちょうどよい申し出でした。大きなみちびきによっての引き合わせだったと、信じたいと思います。

「興正寺史話」はささやかな読み物であるにすぎませんが、そうしたものであれ、本となることには、書いた人間として、喜びを感じます。それにつき感謝をささげなければならない人たちは大勢いますが、まずは出版にいたる機縁を与えられたことに感謝したいと思います。

平成十七年一月七日

熊野恒陽

熊野恒陽（くまのこうよう）
1964年北海道生まれ。龍谷大学文学部（国史学専攻）卒業。大谷大学大学院博士課程（仏教文化）満期退学。現在、真宗興正派教学研究員。真宗興正派力精寺衆徒。共著に『佛光寺異端説の真相』（白馬社）、論文に「存覚の法華念仏の対判をめぐって」、「興正寺の開創と蓮如上人」など。

興正寺史話1
了源上人——その史実と伝承

二〇〇五年四月二十日　初版発行

著　者　熊野恒陽
発行者　西村孝文
発行所　株式会社白馬社
〒612—8105
京都市伏見区東奉行町1—3
☎075（611）7855
FAX 075（603）6752
http://www.hakubasha.co.jp

印刷所　モリモト印刷株式会社